ICDL 数字营销

课程大纲 1.0

ICDL 基金会 著
ICDL 亚 洲 译

东南大学出版社
SOUTHEAST UNIVERSITY PRESS
·南京·

图书在版编目(CIP)数据

ICDL 数字营销/爱尔兰 ICDL 基金会著;ICDL 亚洲译. —南京:东南大学出版社,2019.4
书名原文:Digital Marketing
ISBN 978-7-5641-8353-0

Ⅰ.①I… Ⅱ.①爱… ②I… Ⅲ.①网络营销—教材 Ⅳ.①F713.365.2

中国版本图书馆 CIP 数据核字(2019)第 061139 号

江苏省版权局著作权合同登记
图字:10-2019-056 号

ICDL 数字营销(ICDL Shuzi Yingxiao)

出版发行:东南大学出版社
社　　址:南京市四牌楼 2 号　　邮　　编:210096
网　　址:http://www.seupress.com
出 版 人:江建中
印　　刷:南京京新印刷有限公司
排　　版:南京月叶图文制作有限公司
开　　本:700 mm×1000 mm　1/16
印　　张:10.25
字　　数:197 千
版　　次:2019 年 4 月第 1 版
印　　次:2019 年 4 月第 1 次印刷
书　　号:ISBN 978-7-5641-8353-0
定　　价:45.00 元
经　　销:全国各地新华书店
发行热线:025-83790519　83791830

* 版权所有,侵权必究
* 凡购买东大版图书如有印装质量问题,请直接与营销部联系
　(电话:025-83791830)

说　　明

ICDL 基金会认证科目的出版物可用于帮助考生准备 ICDL 基金会认证的考试。ICDL 基金会不保证使用本出版物能确保考生通过 ICDL 基金会认证科目的考试。

本学习资料中包含的任何测试项目和(或)基于实际操作的练习仅与本出版物有关，不构成任何考试，也没有任何通过官方 ICDL 基金会认证测试以及其他方式能够获得认证。

使用本出版物的考生在参加 ICDL 基金会认证科目的考试之前必须通过各国授权考试中心进行注册。如果没有进行有效注册的考生，则不可以参加考试，并且也不会向其提供证书或任何其他形式的认可。

本出版物已获 Microsoft 许可使用屏幕截图。

European Computer Driving Licence，ECDL，International Computer Driving Licence，ICDL，e-Citizen 以及相关标志均是 The ICDL Foundation Limited 公司(ICDL 基金会)的注册商标。

前　　言

ICDL 数字营销

随着越来越多的消费者使用互联网进行工作、交流、购物和娱乐，每个企业都应该有一个通过网络展示自己，并有效地利用数字营销的机会。这意味着企业要了解最新的在线工具以及如何利用这些工具来实现整体的经营和营销目标。ICDL 数字营销课程将带你了解实现数字营销目标所需要的关键技能。

ICDL 数字营销课程设置了数字营销相关的基础概念和技巧，包括如何创建一个网络展示方式，如何为搜索引擎优化内容，如何运用社交媒体平台，如何通过多种服务工具进行网络营销以及如何利用分析工具监控和优化营销活动。

学习完本书，你将：

- 了解数字营销的基础概念，包括其局限性以及如何优化和策划。
- 了解多种网络展示方式，以及如何选择关键词进行搜索引擎优化。
- 了解不同的社交媒体平台，并创建及运用常见的平台。
- 了解社交媒体管理在推广和线索培养方面的有效性。
- 运用社交媒体管理服务工具定时发布帖子和设置提醒。
- 了解多种网络营销及广告类型，包括搜索引擎、电子邮件和移动营销。
- 了解及运用分析工具监控、优化营销活动。

本书的优势

本书涵盖了数字营销活动的关键技能和主要概念，证实了数字营销的最佳实践活动。ICDL 数字营销是由各相关主题知识的专家及全球各地的数字营销从业者共同开发的，确保了本书内容的相关性及范围。

学习完本书的知识与技巧后，你将可以参加考试并有机会获得 ICDL 数字营销全球标准认证。如需了解本书各部分详情，请查看书末的 ICDL 数字营销课程大纲。

目　录

第 1 课　数字营销的基础概念 ································· 1
  1.1　数字营销概述 ······································· 2
  1.2　数字营销的方法 ····································· 3
  1.3　数字营销的目标 ····································· 4
  1.4　数字营销的优势 ····································· 5
  1.5　数字营销的局限 ····································· 7
  1.6　相关法律法规 ······································· 8
  1.7　复习题 ··· 9

第 2 课　数字营销的规划 ····································· 11
  2.1　数字营销策略 ······································ 12
  2.2　品牌形象及设计 ···································· 15
  2.3　内容营销 ·· 15
  2.4　政策与权限管理 ···································· 17
  2.5　复习题 ·· 18

第 3 课　网络展示方式 ······································· 20
  3.1　网络展示方式概述 ·································· 21
  3.2　创建网络展示 ······································ 23
  3.3　内容管理系统 ······································ 25
  3.4　复习题 ·· 26

第4课 网站 ·· 28
- 4.1 网站结构 ·· 29
- 4.2 网站设计 ·· 31
- 4.3 网站内容 ·· 34
- 4.4 网站推广 ·· 36
- 4.5 复习题 ·· 37

第5课 搜索引擎优化(SEO) ··· 38
- 5.1 搜索引擎优化(SEO)概述 ······································ 39
- 5.2 SEO关键词 ··· 41
- 5.3 复习题 ·· 45

第6课 社交媒体营销 ·· 46
- 6.1 社交媒体平台 ·· 47
- 6.2 社交媒体营销活动 ·· 48
- 6.3 复习题 ·· 51

第7课 社交媒体账号 ·· 53
- 7.1 社交媒体账号类型 ·· 54
- 7.2 创建社交媒体企业账号 ·· 55
- 7.3 编辑社交媒体企业账号信息 ···································· 62
- 7.4 复习题 ·· 64

第8课 使用社交媒体 ·· 66
- 8.1 社交媒体行为 ·· 67
- 8.2 创建及更新帖子 ·· 68
- 8.3 复习题 ·· 72

第9课 社交媒体管理服务 ·· 74
- 9.1 社交媒体管理服务 ·· 75

9.2 定时发帖 ··· 76
9.3 短链接工具 ··· 77
9.4 复习题 ··· 77

第10课 社交媒体营销及推广 ·· 79
10.1 意见领袖(KOL)、点评及引荐 ································ 80
10.2 目标人群 ·· 82
10.3 互动内容 ·· 84
10.4 复习题 ··· 86

第11课 社交媒体互动、线索培养及销售 ····························· 89
11.1 评论及提醒 ··· 90
11.2 行为召唤 ·· 91
11.3 复习题 ··· 92

第12课 网络广告 ··· 94
12.1 网络广告概述 ·· 95
12.2 搜索引擎营销平台 ··· 96
12.3 展示网络广告的平台 ·· 100
12.4 网络广告的类型 ··· 101
12.5 社交媒体广告 ·· 103
12.6 复习题 ··· 105

第13课 电子邮件营销 ·· 107
13.1 电子邮件营销平台 ··· 108
13.2 创建电子邮件营销账号 ··· 109
13.3 创建及管理联系人列表 ··· 110
13.4 创建及管理电子邮件营销活动 ······························· 112
13.5 复习题 ··· 113

第 14 课　移动营销 ·· 115
14.1　移动营销概述 ··· 116
14.2　移动应用程序 ··· 117
14.3　移动营销的策略 ··· 119
14.4　移动广告 ··· 121
14.5　复习题 ··· 123

第 15 课　网络统计分析 ·· 124
15.1　统计分析概述 ··· 125
15.2　网站分析概述 ··· 127
15.3　运用网站分析 ··· 129
15.4　复习题 ··· 132

第 16 课　社交媒体分析 ·· 134
16.1　社交媒体分析概述 ··· 135
16.2　运用社交媒体分析 ··· 136
16.3　复习题 ··· 138

第 17 课　电子邮件营销分析 ·· 139
17.1　电子邮件营销分析概述 ····································· 140
17.2　运用电子邮件营销分析 ····································· 142
17.3　复习题 ··· 144

第 18 课　网络广告分析 ·· 145
18.1　网络广告分析概述 ··· 146
18.2　运用网络广告分析 ··· 147
18.3　复习题 ··· 148

ICDL 课程大纲 ·· 150

第 1 课

数字营销的基础概念

> 学习完这节课,你将:
> - 了解数字营销的概念
> - 了解数字营销的主要方法
> - 了解数字营销的主要目标
> - 了解数字营销的优势
> - 了解数字营销的局限
> - 了解与数字营销相关的当地法律法规

1.1 数字营销概述

💡 概念

数字营销,又称为互联网营销或在线营销,是利用互联网技术与技巧,通过多种在线渠道向消费者推广品牌、产品及服务的活动。

数字营销概述

如今人们花费越来越多的时间在各种互联网活动上:网上购物、搜索信息、看新闻、看视频、收发邮件、预订假期、玩社交媒体……他们使用各种设备:笔记本电脑、平板电脑、智能手机等,随时随地都能连接上网。这意味着他们使用传统媒体的时间越来越少,如印刷品、电视。因此,企业也必须"在线",才能触及他们的现有客户或潜在客户。企业必须利用数字营销在各种在线渠道上推广、销售产品与服务。

1.2 数字营销的方法

💡 概念

数字营销的方法

企业可运用多种方法与工具进行数字营销,如:

- **网络会员制营销(Affiliate Marketing)**——企业设立一定的奖励规则,对帮助企业进行网站推广、产生销售或销售线索的会员网站进行奖励。这些会员网站在自己网站上放置该企业的产品或广告链接,并设置商品搜索功能,一旦有访问者点击这些链接并购买,会员网站则可以获得一定比例的佣金。
- **展示广告(Display Advertising)**——网络展示广告的形式多种多样,包括网站页面上的横幅广告、文本、图像及视频广告等。
- **内容营销(Content Marketing)**——通过创造及分享有用的、相关的高质量内容信息达到营销目的。
- **搜索引擎营销(Search Engine Marketing,即 SEM)**——通过付费及非付费(自然)方法提高网站在搜索引擎的排名及可见性,从而提高网站流量。
- **搜索引擎优化(Search Engine Optimisation,即 SEO)**——属于 SEM 的一部

分,指的是通过优化网站以提高网站在搜索引擎非付费搜索(自然搜索)结果页的排名与可见性。
- **移动营销(Mobile Marketing)**——通过移动手机、智能手机、平板电脑等触及客户。
- **电子邮件营销(E-mail Marketing)**——通过电子邮件,以文本、富媒体的形式触及客户。
- **社交媒体营销(Social Media Marketing)**——通过社交媒体(如微博、微信等)触及客户,提升品牌知名度,促进销售与网站流量。
- **统计分析(Analytics)**——运用工具追踪、分析网站访客的行为过程,然后基于反馈结果调整营销策略。

1.3 数字营销的目标

概念

与其他营销活动相同,数字营销必须先建立明确的营销目标。

你的目标是什么?

通常数字营销可以包括以下目标:

- **提升品牌知名度**——提升现有客户及潜在客户对品牌的认知。
- **形成销售线索**——培养客户对企业产品或服务的兴趣,收集对企业感兴趣的客户的联系方式,形成销售线索。
- **促进销售**——促进产品或服务的销售,这也是营销的终极目标。
- **告知客户**——通过分享新闻、促销等方式,让目标客户随时了解企业动态。
- **提升客户服务**——提升客户服务与支持,从而加强与客户的关系。
- **直连客户**——直接与客户接触。
- **提高流量**——提高网站访客数量。

1.4 数字营销的优势

概念

相比传统营销手段,数字营销具有多种优势:

性价比更高

相比传统营销渠道如电视、广播、印刷品,数字营销通常成本更低。一个印刷品或电视广告的设计、生产及广告位成本远远高于网站横幅广告或在线视频广告。

易于跟踪及评估进度

数字营销的效果比传统媒体更易跟踪与评估。一方面,在非数字营销的推广中,大多数的受众数据都是通过估算得出的,如杂志或报纸的发行量、电视的收视率、广播的收听率。这些数据并不能准确地反映看到广告或参与(点击)广告的真实受众数量。而数字营销推广中通过网络分析工具可跟踪具体有多少人看到广告、参与(点击)广告。

另一方面,传统营销很难获取实时数据。比如说,必须过一段时间才能知道具体销售了多少。而数字营销网络分析工具可以实时跟踪用户行为,这就可以根据客户的反应随时优化广告,从而增强营销效果。

传播面更广

数字营销比传统营销的传播面更广。数字营销能够传播至全球范围,也能针对某一特定群体进行传播,比如通过性别、种族、年龄、收入、地理位置、受教育程度、婚姻状况等特征进行筛选,从而形成具体的目标人群。针对一个特定群体进行精准营销,触及对企业产品或服务感兴趣的客户的可能性更大。

参与及互动更多

相比传统营销如印刷品及电视,数字营销使得客户能更直接地参与品牌营销活动。比如在社交媒体上,客户能对企业的推文/微博进行点赞、分享、评论,而企业也能通过回答问题或回复评论与客户互动。虽然这种互动不是面对面的,却是实时的,企业与客户能随时进行沟通。

对移动端用户友好

数字营销的另一个优势是能够根据移动端用户的情况进行推送。这包括根据移动端用户的定位及使用设备推送不同的内容,以及针对移动设备优化内容展示等。

1.5 数字营销的局限

概念

数字营销同样存在一些局限性。

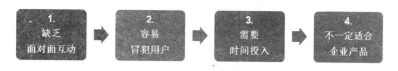

数字营销的局限

缺乏面对面互动

通过数字营销与客户进行的接触是在线的,缺乏真实的、面对面的互动。这意味着可能无法触及一些偏好面对面沟通的客户,也可能会丢失一些来自线下客户(已购买或未购买)的反馈及建议。

容易冒犯用户

网络广告等一些形式可能会干扰到用户的网络体验,引起用户反感。比如弹窗广告就是非常不受欢迎的一种类型。有些人将网络广告视为垃圾广告,会选择无视。因此,企业使用网络广告时,无论是推广方式或内容设计都应尽量避免引起用户反感。企业可以先针对小部分群体测试营销效果,然后再进行大范围推广。

需要时间投入

专业的营销推广策划与管理都需要大量的时间和资源。

比如说，在社交媒体网站建立企业账号可能是免费的，但是维护账号运营却需要时间与资源的投入。营销推广或社交账号管理不善，更有甚者放弃管理，都可能会对企业造成负面的影响。因此，提前规划数字营销非常重要。

不一定适合企业产品

有些客户可能无法通过网络渠道触及。比如说，一些年纪大的客户可能不会上网，又或者一些国家可能会屏蔽掉部分网站。因此，企业需要了解目标客户的生活方式、习惯以及是否能通过网络接触到。

1.6 相关法律法规

概念

互联网用户（如网购用户、内容生产者等）的在线活动受到法律法规的保护。

企业在进行营销活动时需遵循相关法律法规。各个国家有各个国家的法律法规，而随着技术进步，相关法律法规也可能随之做出相应的调整。企业可通过访问政府或监管机构网站或咨询法律专家了解最新的法律法规。

比如说，很多国家对酒类广告有严格管控。大部分国家的酒类广告只能对18周岁以上的群体传播，而在瑞典是25周岁以上，美国是21周岁以上，加拿大和韩国是19周岁以上。中国2015年新版《广告法》规定在针对未成年人的大众传播媒体上不得发布酒类广告。而在一些国家酒类是禁止的，因此，在这些市场传播酒类广告会导致重罚。

另外还需注意数据保护、隐私保护、版权、电子商务方面的法律法规。

比如说，隐私保护条例会要求经过用户授权后网站才可以通过cookies（储存在用户本地设备的数据）收集、分析用户数据。在社交媒体上使用他人的照片或视频可能会侵犯版权。如果是企业的电子商务网站,还会有支付商的使用条款。

一些广告平台也会有他们自己的条款。比如微信公众号禁止诱导关注或分享实施多级分销等行为的分销信息,禁止发布如暴力、赌博等内容。

1.7 复习题

1. 数字营销是利用_____,通过多种_____向消费者推广品牌、产品及服务的活动。

2. 下列哪种数字营销方法通过付费及非付费的方法提高网站在搜索引擎的排名及可见性,从而提高网站流量?
   a. 展示广告
   b. 搜索引擎营销
   c. 电子邮件营销
   d. 统计分析

3. 列举 3 种数字营销的目标。
   _____
   _____
   _____

4. 列举 3 种数字营销的优势。
   _____
   _____
   _____

5. 以下哪 3 项是数字营销可能存在的局限性?
   a. 可能被视为垃圾广告,被忽视。
   b. 比传统营销贵。
   c. 管理耗时、耗资源。
   d. 只对在线客户有效。

6. 列举在中国进行数字营销可能遇到的法律法规问题。

第 2 课

数字营销的规划

学习完这节课,你将:
- 了解数字营销策略的主要构成
- 了解企业在互联网上保持品牌形象与设计一致的必要性
- 了解能够提高流量及互动频率的内容形式
- 了解设置员工使用企业数字营销账户的政策及权限的重要性

2.1 数字营销策略

💡 概念

在进行任何营销活动前,企业需要确立全方位的数字营销策略,以充分利用资源,从而及时在预算内完成营业目标。如今有各种各样的营销渠道和营销方式,企业很容易就可以去尝试各种方法,然而这样通常只会开展零零散散的、不连贯的数字营销活动。

数字营销策略应包含哪些内容?

企业确立数字营销策略时应有逻辑性的方法,以下几点可供考虑:

数字营销策略的主要构成

目标(Goals)

首先,确保数字营销目标与企业上层商业目标及整体营销策略目标一致。数字营销目标需具体化、可衡量,比如将数字营销目标确定为"提高 A 产品销售量,达到每月5 000件",而不是简单的"提高销售量"。通常来说,提高销售量最有效的方式是提高消费者的复购率。为达成目标设定时间段时,要注意建立一个成功的网络形象是需要时间的。

目标人群(Audience)

企业必须明确目标人群或者目标市场。目标人群指的是可能对企业产品或信息感兴趣的人群,也称为受众,企业的产品或服务可以解决他们的某个难题。目标人群信息包括他们的价值观、需求、地理位置、兴趣、消费习惯、使用设备等,也可以包含各种人群特征信息,如年龄、性别、受教育程度、婚姻状况等。有一种常见的数字营销技巧是先针对几个小的受众群体进行营销活动,然后对比他们的参与度。

竞争对手(Competitors)

企业可以通过对竞争对手数字营销活动的分析来完善自己的营销策略,了解竞争对手发布了什么内容、消费者是否参与了互动、消费者的喜恶偏好是什么,然后企业就可以模仿竞争对手的营销策略并加以完善,或避免犯相同的错误。如果SEO在企业数字营销策略中较为重要,那么可以通过竞争对手的网络表现分析他们可能用了什么SEO技巧。一些网络工具可用于跟踪、监控竞争对手的活动。

平台(Platforms)

选择适合企业营销活动及目标人群的平台是关键。

如果企业准备投放网络广告,那就需要了解目标客户常去什么平台。比如说企业想吸引更多社交媒体上的客户,那就看看他们用得最多的社交媒体是哪些。

企业需要调研各种平台,分析哪个平台最适合企业品牌。有些平台会提供平台的用户数据供企业广告参考。比如微信发布的《2017微信数据报告》中表明,每日登录用户(9月)数量为9.02亿,每日发送消息380亿次(微信,2017)。

监管机构和调研机构也会提供相关的用户数据。比如中国互联网络信息中心(CNNIC)《第40次中国互联网络发展状况统计报告》中显示,截至2017年6月,中国大陆地区网民仍以10~39岁群体为主,占整体的72.1%,其中:20~29岁年龄段的网民占比最高,达29.7%,10~19岁、30~39岁群体占比分别为19.4%、23.0%(CNNIC,2017)。

企业同时要考虑需要在数字营销上投入多少时间,从而选择相应的平台及工具数量。建议企业根据目标客户选择1~2个平台专心运营,效果会比多个平台分散投入效果更好。

内容(Content)

高质量的内容如信息图、照片、动画、报告、博客、视频等能更有效地吸引社交媒体用户互动、吸引网站访客、提高品牌知名度。高质量内容的创作非常耗时。企业的数字营销策略中应该包含内容营销日历:计划创作什么类型的内容、大致的花费时间、内容创作负责人、发布时间等。

预算(Budget)

数字营销策略中非常重要的一环是预算——整体预算如何以及各项营销活动的预算分配。企业内部是否有资源、有能力自己管理数字营销,还是需要外包?另外还需要考虑每项营销活动在预期时间内怎样投入最有效。

评估报告(Reporting)

数字营销的效果评估至关重要。企业需确定如何衡量营销活动,需要用哪些工具,最后还需要评估营销活动是否达到了预期目标(KPI,即关键绩效指标)。企业进行数字营销活动的过程中必须有跟踪报告来衡量营销活动的表现效果,必要情况下可调整营销活动。

2.2 品牌形象及设计

💡 概念

有了数字营销策略,下一步就要确定企业的品牌形象。企业的在线品牌形象设计包括标识(Logo)、颜色、图像、信息、语调、视觉效果等,这些应与企业线下形象和设计一致,而且所有在线渠道的形象和设计应保持一致。

这样,线下的客户能够很容易地在网络上辨认出企业品牌。企业形象与设计的一致性也能给企业增加可信度。

2.3 内容营销

💡 概念

内容营销,即通过创作和分享相关的、有价值的内容吸引用户,将销售线索转化成客户,将客户转化成常客。早在一个世纪前,内容营销就已被应用到企业的营销活动中了。1904 年,Jell-O 果冻的生产商就通过派发带有 Jell-O 食谱的免费烹饪书来进行营销。

什么是在线内容营销?

内容营销是数字营销的有效方式,形式多样,有助于提升流量及互动频率。

信息图(Infographics)——通过图表形式展现信息和数据,视觉上更吸引用户,信息传达更形象。

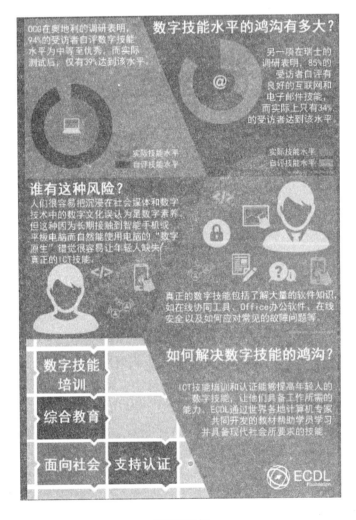

信息图示例

表情包(Meme)——名人或动物的照片被加入文字进行二次创作,达到娱乐目的,这是互联网幽默的一种经典形式。

视频(Videos)——视频可以是娱乐的、滑稽的、传播知识的,或者三者都有,从滑稽视频到教程视频,范围非常广。比如旅游品牌可以发布视频告诉用户在一条线路中能够欣赏哪些美景、品尝哪些美食。

问答(Q&A)——以问答的形式进行品牌宣传、产品/服务介绍或建立关系。比如酒店品牌可以回答"酒店有哪些让你心中温暖的服务细节",或者"大闸蟹怎么烹饪才最好吃?"

产品测评(Product Reviews)——包括商业网站上客户对产品的意见、新闻网站或博客上专家对产品的意见等,比如最新平板电脑测评。

点评及推荐(Testimonials)——来自真实客户或名人对品牌、产品或服务的支持及肯定,如"位置好,设施好,服务非常棒——×××"。

白皮书(Whitepapers)——与品牌所在行业相关的主题报告或案例分析报告,这是社论式内容而非销售手册,目的是推广某个解决方案、产品或服务。

2.4 政策与权限管理

概念

企业进行数字营销时必须懂得保护企业形象及声誉。数字营销账号的滥用可能会对企业声誉造成负面影响。比如一个对企业不满的员工可能会用企业账号泄露商业机密或发表攻击性言论。一种更常见的情况是员工以为登录的是私人账号,而实际登录的是企业账号,并在企业账号上发表不当言论或图片。

因此,企业需要对员工使用企业账号(如社交平台账号、企业官网、企业在论坛或监管机构网站上的账号等)设置管理政策和权限控制,以保护企业声誉。

企业应制定员工使用企业在线账号的政策和行为规范,包括对外言论的语气、图像等,哪些能用、哪些不能用。另外还应制定相关章程,如员工一旦犯了错该如何处理,客户在网上发布对企业不利言论该如何处理。

企业应只给予小部分授权员工权限代表企业发布或回复信息。权限级别应根据职务及职责进行相应设置。比如企业在社交媒体上的账号可以分不同的权限,员工必须得到授权才能登录操作。

2.5 复习题

1. 列出数字营销策略应包含的7个方面内容。

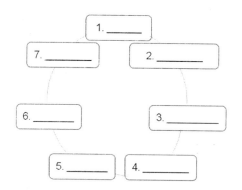

2. 以下哪两项关于企业在线品牌与设计的描述是正确的?

 a. 每个在线平台上的标识(Logo)、颜色、图像、信息应是独特的。

 b. 线上与线下的企业形象应保持一致。

 c. 内容应能体现出发布者的个性。

 d. 所有在线平台的企业形象应保持一致。

3. 列举4种可提高在线流量及互动频率的内容类型。

_____

_____

_____

4. 以下哪三种是维护企业在线声誉的正确方法?

    a. 给使用企业在线账号的员工设置权限等级。

    b. 允许所有员工可更新企业社交媒体账号。

    c. 制定企业在线账号使用的行为规范。

    d. 允许小部分员工使用企业在线账号。

第 3 课

网络展示方式

学习完这节课,你将:
- 了解网络展示方式
- 了解创建网站的具体步骤
- 了解内容管理系统(CMS)

3.1 网络展示方式概述

💡 概念

网络展现的方式多种多样。选择哪种展示方案取决于企业数字营销的战略及目标。

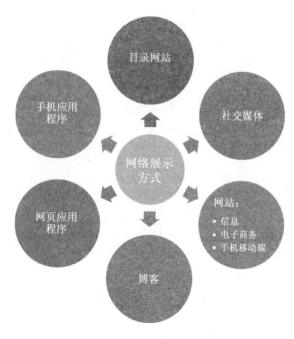

网络展示方式

目录网站(Business Directory)

目录网站是将各种网站资源根据类别或区域进行分组的网站,如ChinaDMOZ。企业可以在目录网站上做一个简单的网络展示。目录网站适用于不需要完整网站的服务商或专卖店,或者希望能被按区域搜索到的本地企业,如"广州的日本餐厅"。

社交媒体(Social Media)

社会媒体网络提供平台让用户连接到网络社区并创造和分享各种类型的内容。企业至少要在一个社交媒体平台上保持活跃,这是企业数字营销战略的重要组成部分。例如,一个面向年轻人的旅游品牌可以用微博来分享客户游玩的照片,并与客户互动联系,或在微信公众号发布深度旅行指南,并提供购买链接。

网站(Website)

网站是最常见的网络展示形式。一个网站至少要提供品牌信息、业务范围、产品或服务、营业时间及联系方式等信息(Information)。

一些企业网站具有电子商务(E-commerce)功能,客户可以在其网上商店使用信用卡或微信、支付宝等其他在线支付方式购买商品。

一些品牌为移动端(Mobile)用户提供了单独的网站,以确保手机端和电脑端的访客都能看到最优的网站内容。另外一种方法是开发"响应式"网站,能够根据不同设备的屏幕尺寸自动调整网页内容布局以方便浏览。如果网站没有优化手机端展现效果,那么对于数字营销来说是非常不利的。

博客(Blog)

博客是一种定期更新内容(即博文)的在线日记形式。由于博客比网站的其他部分更容易更新内容和新闻,因此企业通常将博客作为整个网站的一部分。博客也是搜索引擎优化的关键技巧之一,因为搜索引擎会优先排序定期更新的网站。博客可以包括信息图表、案例研究、操作指南、视频和文章等内容。例如,一个营销机构网站可能会经常更新博客,发表关于最新行业动态看法、职位空缺、最近合作客户等的博客。企业博客通常有多个作者撰写,比如多位员工和外部邀请的作者。

网页应用程序(Web Application)

网页应用程序是存储在远程服务器上的应用程序,客户可以通过浏览器访问。企业通常通过网页应用程序给客户提供服务,常见形式包括在线拍卖、网上银行、网络邮件、在线办公软件如文字处理软件和在线电子表格。

手机应用程序(Mobile Application)

除以上方式外,品牌也可以使用手机应用程序。这些应用程序是专门为手机设计的,可在手机上安装和运行,如手机银行 APP、社交媒体 APP、手机商城 APP、旅行预订 APP。

3.2 创建网络展示

概念

网站是最常见的网络展示方式。创建一个网站包括以下几个步骤:

网站创建流程

1. **注册合适的网站地址(域名)**——首先,为网站选择域名或网址。网站域名必须具有唯一性,与企业名称相匹配,并容易记住,如www.wangzhan.com。域名将成为品牌标识的一部分,也是在线搜索的重要部分。最好是选择顶级域名(TLD),如以".com"".net"及".org"为后缀的域名。本地企业最好选择国家顶级域名,如中国".cn"、法国".fr"、爱尔兰".ie"、新加坡".sg"等。检查所选的域名是否可用,然后通过网站托管商或域名注册商进行注册。

2. **购买网站托管服务、域名备案**——购买网站托管服务,将网站托管在服务器上,这台服务器存储网站所有文件和文件夹。通常,托管服务商都会提供网站托管服务与域名注册服务。在中国,还需在工业和信息化部备案管理系统(http://www.miitbeian.gov.cn)进行域名备案。

3. **设计网站**——接下来需要考虑网站的设计元素和网站的目标与目标人群,比如,这只是个简单的博客还是一个复杂的电子商务网站?网站设计包括设计网站的结构(即基于访客的浏览确定网页与栏目的层级)、网站外观及风格、吸引目标客户的方式、网站可用性,通过这些设计方便用户在各种设备上使用,特别是目标客户最常用的设备。

4. **创建网站**——设计结束后需要开发创建网站。企业可以自己开发网页和内容,也可以聘请网站开发人员。网站开发包括创建网页和内容,如文字、图片和视频等。网站上线前需要在不同浏览器和设备上进行测试,并检查所有内部链接。

5. **推广网站**——网站上线后就可以通过营销活动吸引客户了。

3.3 内容管理系统

💡 概念

内容管理系统(CMS)是用于网站开发、维护的发布和管理工具。内容管理系统的用户界面简单,方便创建及修改网页内容,因此,即使是不会编程的用户也可以发布、管理和修改网站内容。

一些内容管理系统非常简单实用,创建网站只需要选择一个布局模板、颜色主题,然后添加自己的内容,WordPress 就是典型的例子。其他的内容管理系统用于更复杂一些的网站,如 Magento CMS、DOSSM CMS 就是专门为电子商务平台的内容管理服务的。

有些内容管理系统是开源的,可以免费使用,如 Magento、Drupal 和 Joomla。也有订制或闭源内容管理系统供应商提供收费服务,不过通常会有更好的安全性及技术支持。如 Shopify、DOSSM 就是闭源电子商务内容管理系统。

3.4 复习题

1. 列出 6 种常见的网络展示方式。

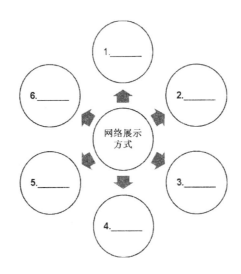

2. 完成创建网站的步骤。

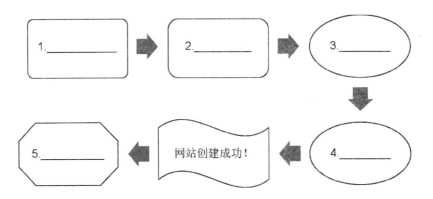

3. 可以用以下哪个工具建立网站?

    a. AUP

    b. SEO

    c. CMS

    d. SEM

第4课

网 站

学习完这节课,你将:
- 了解网站的主要构成
- 了解常见的网站设计术语
- 了解创建网站内容的方法
- 了解推广网站的方法

4.1 网站结构

概念

一个新网站的设计需经过周密的计划和思考。首先要考虑希望访问者在访问网站时做什么操作,可能是阅读博客、订阅新闻、分享内容或者购买商品或服务等。这些操作会影响网站的结构——包括哪些页面、如何架构布局以及如何设计网站外观。一个网站可以只有简简单单的几个页面,也可以是有无数产品页面的电子商务网站。

一个网站主要由哪些部分构成?

大多数网站都建立在一个基本结构上:**主页**(Homepage)是最主要的页面,从主页往下一层层编排信息。这个结构层次应该简单直观,因为它将作为网站导航和网址结构的基础。

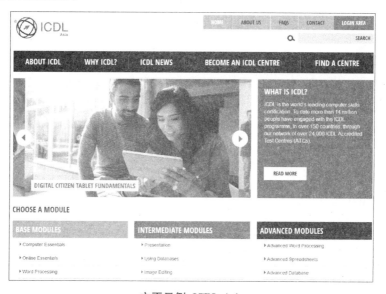

主页示例:ICDL Asia

经典的网站架构包括：

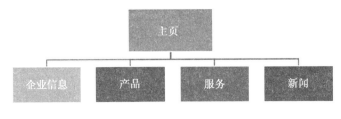

网站结构示例

- **主页（Homepage）**——包括指向网站主要部分或类别频道的链接，通常位于菜单栏的显眼位置。建议网站内容分为2～7个频道类别，每个频道都有其唯一特色，每个大类别下面再分成相关的小类别。

- **企业信息（Company Information）**页面——有时也称为"**关于我们**"（About Us），包括企业的发展历程、创始人或现任领导、团队等信息。企业常犯的错误是把这部分看得过重，发布大量信息，然而网站访问者很少会看。"加入我们"或招聘信息通常归在这个类别频道下面。

- **产品（Product）**页面——可以链接到电子商务网站的多个产品子类别，或者只是重点放企业的一个产品。

- **服务（Service）**页面——通常会概述品牌提供哪些服务。在这个类别频道里通常还有客户推荐、合作客户Logo以及服务优势。

- **新闻（News）**页面——通常包括企业产品、服务、销售和其他相关新闻。这一部分通常被认为是企业博客，但通常这一部分企业性质太过明显，因此不算是博客，不过有些网站会把新闻部分和博客结合。

- **联系（Contact）**页面——有时也称为"**联系我们**"（Contact Us），通常包括详细的联系信息，如邮政地址和邮件地址、电话号码、社交媒体账号以及可以"找到我们"的地图。营业时间也非常重要，尤其是对手机用户来说。有时这部分还包含某些特定员工或部门的联系信息，例如招聘、销售或客户服务部门。

企业博客（Blog）通常是最后一部分，但却是经常更新的。企业博客通常会由多个作者撰写，发布有吸引力的帖子来吸引客户及员工。如果一个公司认真对待自己的博客，那它通常会成为网站最受欢迎的部分，获得的流量比主页和产品页面的总和还要多。

网站还可以有**电子商务**(E-commerce)功能,使客户可以快速方便地在网站上购物。网站需要保证交易的安全性,使客户可以安心提交数据,例如收货地址和付款细节等。

大多数网站还在每个页面加上**搜索**(Search)功能,方便客户可以迅速在网站找到所需内容。

有些网站有一个**网站地图**(Site Map),列出网站上的所有网页作为索引或目录。不过这种类型的网页在现代网站中应用比较少。

提示:网站结构不能太复杂,要保证用户点击不超过3次就可以到达任何网页。

4.2 网站设计

概念

访客访问网站的整体体验称为用户体验(User Experience,即 UX)。网站应给访客提供最好的体验。用户在网站上的体验与线下体验一样重要,因为它是整个销售过程的重要组成部分。

什么是好的用户体验?

客户通过网页上的内容,即**用户界面**(User Interface,UI),与网站进行互动。用户界面的设计、外观及风格都会影响到用户体验。网站结构和用户界面只有设计得便于浏览、信息便于查找、没有错误、满足目标客户需求,才能提供好的用户体验。无论用户访问哪个页面,都应获得一致的用户体验。

用户体验良好的界面设计示例

a. 导航栏目清晰,访客很容易按需求进入相关页面。

b. 这部分称为**面包屑导航**(Breadcrumb),用于提示访客其所在网站位置,也便于访客返回主页。

c. 该按钮称为**行为召唤**(Call to Action),指引访客下一步要做什么。

d. 图标和下方的文字提供了清晰、吸引人的特色点。

e. 图片展示了浪漫美好的婚礼场景,能够引起要举行婚礼用户的兴趣。

企业网站应避免以下会导致用户体验混乱的界面:

a. 架构不清晰,菜单栏选项多而混乱。
b. 容易引起客户不愉快的照片。
c. 行为召唤多而混乱,让客户不知道应该进行哪一步操作。
d. 内容太多,条款太多。
e. 行业术语太多,不易理解。

其他网站设计的重要术语包括:

- 响应式设计(Responsive Design)——用户无论使用什么设备或屏幕尺寸都应获得一致的用户体验。响应式设计指网站的内容布局能自动调整以适应屏幕的大小。

- 可访问性(Accessibility)——一个网站应该是可以被访问的,包括残疾人也应该可以浏览访问。网站的图片要有替代文本(ALT 文本),以方便视力障碍人士用屏幕阅读器访问。另外还要有带字幕的视频,以方便听力障碍人士访问。万维网联盟(W3C)提供了关于网站设计的可访问性及最佳实践指导原则。

- 性能优化(Performance Optimisation)——网页的加载速度要快,用户不必等着查看网页或视频。通常用户期望页面能立即加载完成,否则他们就会放弃等待,转去访问其他网站。网站可以通过减小图片和视频文件的大小、结合图表、移除不必要的代码脚本或 cookies 来优化网站的加载速度。

- 浏览器兼容性(Browser Compatibility)——网站应适用于不同类型的浏览器,不能因更换浏览器而丢失内容或影响浏览体验。

4.3 网站内容

💡 概念

网站内容对客户的整体体验感受起到重要作用,所以网站内容应是高品质的、专业的,对目标客户有吸引力。

高质量内容包括:

1. 以目标客户为中心:
- 为目标客户定制内容。
- 使用吸引目标客户的格式和主题。
- 使用目标客户习惯的视觉风格。

2. 内容简洁扼要:

内容清晰简洁,使用适合目标客户的语言和语调。例如,企业是提供法律咨询服务的,那么可以用正式的语气,但是语言还是要通俗易懂,不要用客户理解不了的术语。

3. 使用关键词:

包括用户在网上搜索企业产品时可能用到的关键词,使用关键词能提高网站在搜索引擎的排名。例如,旅游品牌可以考虑"北京一日游""北京旅行攻略"这样的关键词。

4. 品牌一致性：
- 所有数字营销和传统营销渠道都应保持品牌的一致性。
- 设计外观和风格都应与品牌相符。

5. 高质量的图片和视频：
- 使用高质量的图片和视频吸引客户。
- 尽可能避免使用廉价的图片库来源。
- 文件尽量小一些，以便网站能迅速加载网页。

6. 定期更新：

定期更新网站。访客希望看到的网站是最新的，并有良好的维护。定期更新网站能增加品牌的可信度，让潜在客户对企业的合法性有信心。例如，更新企业动态，不放过期信息（比如在春节后还放着春节促销信息）。

4.4 网站推广

概念

网站上线之后需要尽可能地吸引新访客。

推广新网站有很多办法,如:

- 将网站链接分享到**社交媒体网站**的个人账号上,同时鼓励其他人也分享企业的网站链接。
- 在其他网站投放**网络广告**,通过广告链接到企业自己的网站。
- 举办有奖活动,吸引目标客户。
- 获得其他网站上链到自己网站的链接,也称为**外链**或**反链**,这包括建立网站声誉以获取其他网站的推荐链接。
- 通过**电子邮件营销**发送包含网站链接的推广及广告邮件。
- 在**目录网站**和**搜索引擎**上提交网站地址获取收录,这有助于用户及搜索引擎找到你的网站。
- 在**电子邮件签名**中添加网站地址和最新博客链接。
- 将网站地址添加到企业**印刷营销物**上,如宣传册、传单、海报、广告牌和报纸与杂志的广告。

4.5 复习题

1. 在下图中列出一个经典的网站由哪些部分构成：

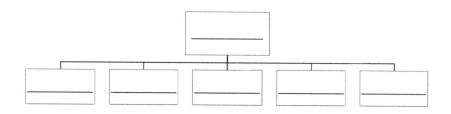

2. 填空：

   访客访问网站的整体体验称为 _____。

   用户在屏幕上互动的那部分网页内容称为 _____。

3. 下面哪 3 个选项是设计网站时需要考虑的因素？

   a. 电子邮件营销

   b. 可访问性

   c. 响应式设计

   d. 浏览器兼容性

4. 列出 4 种推广网站的方式：

   _____

   _____

   _____

第 5 课

搜索引擎优化(SEO)

学习完这节课,你将:
- 了解搜索引擎优化(SEO)的概念
- 了解什么是关键词
- 能够列出关键词供网站或社交媒体平台优化
- 了解网页标题、URL、描述标签、META 标签、标题标签(Heading 标签)、ALT 文本等概念,并了解它们在 SEO 中的重要性

5.1 搜索引擎优化(SEO)概述

💡 概念

搜索引擎是如何运行的?

大部分的互联网会话(Session)是从搜索开始的。用户在搜索引擎上提问、找产品服务、找视频或图片。常见的搜索引擎包括百度、必应、雅虎等。

搜索引擎使用一种称为"爬虫"的自动机器人来抓取网页、理解网页,并将特定的信息储存在数据库中。当用户在搜索引擎的搜索框中输入一个词语或短语(查询词条)时,搜索引擎就会在数据库中搜索"最佳答案"以回应用户查询,这些"最佳答案"的网页会形成一个列表。因此,如何让企业网站容易被搜索引擎抓取、理解,这一点至关重要。

搜索出来的结果列表称为搜索引擎结果页(SERP),通常包括付费结果(广告)和非付费结果(自然)。

百度搜索引擎结果页(SERP)

a. 广告结果通常会显示在 SERP 的顶部,当用户点击这些链接时,网站需要向搜索引擎付费。
b. 自然结果一般在广告下方,主要是按相关度及网页热度排名。排名越高,即搜索引擎认为该结果相关度越高、热度越高。用户点击这些链接时,网站不需要向搜索引擎付费。

什么是搜索引擎优化(SEO)?

搜索引擎流量是网站流量的重要来源。用户在互联网上主动搜索企业的产品和服务表明了这些用户对企业的产品和服务抱有很大兴趣和购买意图。

搜索引擎优化(SEO)即提升网站在搜索引擎结果页(SERP)自然结果(非付费)中排名的技巧。自然结果中的排名顺序不是人工的,而是通过数学算法进行排名的。

搜索引擎的算法非常复杂,通常会有无数的变量,即"排名因素",而且这些算法不停地在变化。搜索引擎一般也不会对外揭露自己的算法,以防网站所有者或数字营销者不正当地操控搜索结果。每个搜索引擎都会有自己的算法,因此,使用不同的搜索引擎查询相同的词条,会得到不同的搜索引擎结果页。

作为网站所有者当然是希望当用户搜索与自己相关的产品、服务时能被用户发现、点击。在这种情况下,可以运用一些 SEO 技巧提高网站自然排名,让用户在相关搜索中能更容易地发现自己的网站。

常见的排名因素有哪些?

在所有搜索引擎中,关键词和外链都是非常有影响力的。

1.
关键词

关键词是指网页上与查询词条匹配或相关的短语或词语。搜索引擎不仅搜索网页内容包含的关键词,还搜索网页代码中的关键词。

从其他网站或社交媒体平台链接到网站的数量及质量,以及设置了超链接的文字(锚文本)。

提示:不同的搜索引擎排名因素不同,而且会不断改变,因此,做 SEO 需留心搜索引擎的规则更新。

5.2 SEO 关键词

 概念

什么是关键词?

关键词是网页内容中具有描述性的、包含丰富信息的词语或短语,通常是搜索查询中的关键项。

比如在"北京旅游有什么好玩的"这一查询中,包含关键词"北京""旅游"。另外还有长尾关键词,指的是那些不是目标关键词,但与目标关键词相关的、可带来搜索流量的词语或短语。

SEO 主要包含两方面的任务

(1) 确定网页核心关键词。
(2) 将核心关键词添加到网页内容和代码中。

这有助于搜索引擎理解网页内容并准确地编入索引,当用户搜索该相关关键词时,能够将网页推荐给用户。

确定 SEO 关键词

确定网页核心关键词有多种方法:

(1) 调研并列出与网站相关的关键词与短语(活动、服务、产品等)。

确定一系列的关键词,包括精确的和普通的。确定与企业产品或服务相关的查询词条。通过网站分析工具如百度统计,查看哪些查询词条已为网站带来目标客户。通过网站工具如百度指数,查看关键词的搜索量。

(2) 确定哪些关键词对经营目标最有效。

比如"酒店团购"的搜索量较大,但企业网站并不常做团购活动,将"酒店团购"确定为关键词只会误导用户。如果用户进入网站后数秒内就点击返回,搜索引擎会认定网站与用户的搜索不相关,从而可能导致网站排名降低。

(3) 分析用户使用关键词的意图。

比如搜索"广州旅游景点"或"广州美食攻略"的用户可能只是在浏览各种建议,而没有真正到要购买的阶段;搜索"美食团购网"的用户则有着强烈的购买欲望;搜索"奇特美食"的用户可能只是想看看有什么猎奇的内容,此时并不值得做网页的优化。当用户搜索非常精确的关键词时,通常表示他们已很明确要买什么了。比如搜索"广州机场附近酒店"的用户比搜索"广州机场"更接近购买阶段。

使用关键词优化网页

确定关键词之后则可以优化网站内容和代码。可以将关键词添加到这些地方:

- **标题标签**(Heading,网页 html 代码中<h1>、<h2>等标签)。
- 网页的**主体内容**(Body)。
- **URL**(网页地址)。
- **ALT 文本**(网页代码中,ALT 属性中的图片文本描述)与**图片文件名**。
- **META 标签**(网页代码中描述网页属性的信息)。
- **网页标题**(Title,展现在浏览器窗口顶部及搜索引擎结果页)。

● 描述标签(Description,网页内容的简介,只显示在搜索引擎结果页)。

举个例子,一个中国入境旅游品牌通过 SEO 工具查询到"China tour"的搜索量很大,这是个非常宽泛的关键词,但可以用来注册一个网站域名,如 chinatour-guide.com。

进一步调研关键词表明"Beijing tour"每月搜索量也较高,那么,可以创建一个网页包含这个关键词,以 www.chinatourguide.com/beijing 为 URL 地址。

另外还有长尾搜索比如"beijing tour guides""beijing tour companies"或"beijing tour package"。

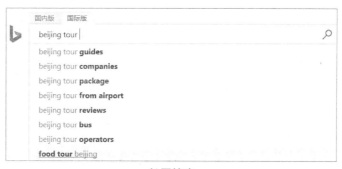

长尾搜索

优化 www.chinatourguide.com/beijing 的内容时可以将这些长尾关键词添加到网页顶部的文本中或者产品描述中。另外还可以将"Beijing tour"添加到网页顶部的标题标签中。

使用关键词优化页面

除了将关键词添加在网页可见的内容及标题中，还可以添加在网页代码中，如网页标题、META 描述标签。

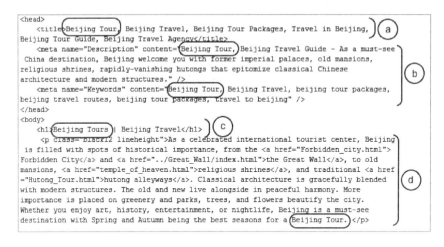

网页代码中使用关键词优化

a. 网页标题（Title）。

b. META 描述标签（Description）。

c. 标题标签（Heading）。

d. 主体内容（Body）。

如果网站使用图片，还应在图片 ALT 文本中添加关键词。举个例子，一张北京旅游的图片可以将 ALT 文本设置为"Beijing tour"，图片文件名可设置为"happy-beijing-tour.jpg"。

搜索引擎结果

用户搜索时，搜索引擎会反馈一个搜索结果列表，网站在搜索引擎结果页中主要会显示出：

a. 网页标题（Title）。

b. URL 地址。

c. META 描述（Description）或包含关键词的网页快照。

```
a  China Tour, China tours, China tourism, Travel to china ...
   www.chinatourguide.com ▼    b
c  China Tour, China Travel Agency - chinatourguide.com offers most value & amazing experience, is
   your one-stop gateway for china tour and guide to everything you need ...
```

搜索引擎结果页举例

5.3 复习题

1. 搜索引擎优化(SEO)指的是：

    a. 在搜索引擎上搜索在线信息。

    b. 付费使网站出现在搜索结果页中。

    c. 提高网站在自然搜索结果中的可见度。

    d. 确保网页丰富多彩、视觉诱人。

2. 下列哪 3 项是 SEO 的方法？

    a. 得到著名网站的高质量外链。

    b. 在社交媒体上推广网站。

    c. 在网页代码中添加相关关键词。

    d. 在网页内容中添加相关关键词。

3. 列出与企业的网页相关的关键词。

4. 列出网页代码中可添加关键词的 3 个位置。

第 6 课

社交媒体营销

学习完这节课,你将:
- 了解社交媒体平台的含义
- 了解一些常见社交媒体平台的主要用途
- 了解社交媒体营销活动步骤

6.1 社交媒体平台

 概念

什么是社交媒体平台?

社交媒体平台是允许用户通过创建和交换内容来连接在线关系网的网络环境。社交媒体平台和宽带连接的使用使得用户分享文本、图片、链接、视频及语音片段等内容变得更加容易,社交媒体的使用量也在逐步增长。人们耗费很多时间在社交媒体上,所以企业需要建立社交媒体账号,并了解如何利用社交媒体更有效地接触客户、达到目标。

常见的社交媒体平台

全球有很多社交媒体平台。现下中国流行的社交媒体平台类型非常繁多,包括即时通讯(IM)、微博、社交网络、视频等。

每一个社交媒体平台都有其自身的特色,用户使用目的也不同,不同的用户会分享不同的内容。企业在选择社交媒体平台进行数字营销时需要考虑平台的特点与用户的特点,挑选自己的目标客户或行业常用的平台。

腾讯旗下的QQ与微信是中国用户量最大的即时通讯类平台,分别创建于1999年与2011年,其中QQ平均每月活跃用户数是8.432亿,微信平均每月活跃用户数是9.8亿(腾讯,2017)。

QQ除了即时通讯外,还有QQ空间功能,允许用户写日志、发图片、发表说说等,还可以装扮空间、设置背景音乐等,以彰显用户个性。

微信的用户群体是基于熟人或工作圈子建立起社交关系。除了即时通讯功能，微信还提供公众号功能，个人或企业均可以注册开通公众号发表推文，通过认证的企业类型账号还可以开通微信支付、提供商品订购及服务等。

新浪微博是中国最大的社交媒体平台之一，是一个公众网络分享信息的微型博客平台，以名人微博、新闻、娱乐等信息为特色。新浪微博的用户更多是基于兴趣关注，大多数是陌生人关系。新浪微博创建于2009年，平均每月活跃用户数为3.61亿（微博，2017）。

豆瓣是创建于2005年的社交网络平台，除了发表个人动态、与其他用户互动之外，有共同兴趣爱好的用户还可以组建、加入小组或同城活动。豆瓣平台侧重于读书、音乐、电影类信息的分享，用户可以阅读、发表评论。

优酷、腾讯视频、爱奇艺、Bilibili等是中国常见的视频网站。除了常规视频外，弹幕、直播等互动性较强的视频形式也越来越流行，用户在观看视频的同时可以发表评论或感想，直接以滑动字幕的方式出现在视频画面上。

中国的社交媒体平台百花齐放、百家争鸣，除了上述的四大类型之外，还有新闻类平台（如今日头条、UC头条）、问答类平台（如知乎、果壳）、音频类平台（如喜马拉雅FM、荔枝FM）等。

6.2 社交媒体营销活动

 概念

什么是社交媒体营销活动？

社交媒体营销活动是持续地进行曝光并吸引用户的过程。一个有效的社交媒营销活动是为了连接客户、与客户互动沟通,而不是散发营销信息。

步骤

企业策划社交媒体营销活动时的步骤:

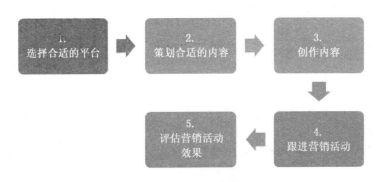

社交媒体营销活动步骤

第1步:选择合适的平台

首先需要考虑可用的社交平台有哪些,哪一个或哪一些是目标客户常用的。比如一家旅游品牌可以在微博上分享目的地美景等,这是触及目标客户的最好途径。

如果是为企业销售人员提供培训服务的,那么可以运营一个微信公众号,发布销售技巧和建议等知识性内容。

企业要明确社交活动的目标,如在目标人群中引发互动、培养品牌意识、为网站提高流量。这些目标要足够明确并且可以衡量,才能用以评估营销活动的效果。

如何确定目标用户使用的社交平台?

- 对现有客户展开调研,询问他们使用哪些平台。
- 调研社交媒体用户的人群特征,比如可以通过中国互联网络信息中心(CNNIC)的报告、社交平台本身的用户报告等进行调研。

- 使用社交媒体平台上的分析工具评估目标人群的规模,如微博粉丝数量。

第2步:策划合适的内容

提前策划在社交媒体平台上的运营是非常重要的,应按照计划工作,而不是临时安排工作。

制订一个内容创作和发布计划,列出适合在已选的社交媒体平台上发布的内容和发布的最佳时间。内容计划可以通过电子表格、日历或其他工具来做,无论用哪种工具,都应该包括这些内容:

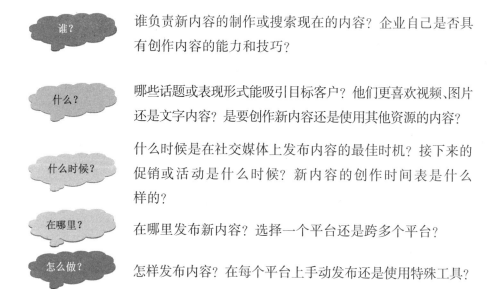

第3步:创作内容

创作内容计划列出了应该创作什么内容,如文本、图片或视频。不要忽视现有的内容,它们可以经过重新创作发布到不同的渠道。例如,一场时尚摄影的幕后照片或花絮短片发到娱乐性较强的微信公众号、微博、Bilibili 视频网站都会有很好的效果,而销售手册上的数据可以用在专业性较强的微信公众号、行业论坛上。有了内容后就可以在不同的平台上发布。

第4步:跟进营销活动

跟进社交媒体上的营销活动是否达到营销目标。比如,从微博到网站的访客数量是否有所增长?微信公众号的粉丝数量有没有增加?这些数据可以通过社交媒体平台本身的分析工具或者网站工具如百度统计进行监控,并根据结果制作相应的报告。

第5步:评估营销活动效果

评估并分析数据及报告,衡量营销活动是否达到营销目标,探寻趋势以及粉丝的喜恶偏好。例如,同一篇文章在知乎上互动性非常高,但是在今日头条上则比较冷门,就这意味着在今日头条上可能需要换种内容表达方式。在很多情况下可以使用不同方法获取客户反馈信息,从而达到更好的活动效果。

6.3 复习题

1. 下列哪种说法用来定义"社交媒体平台"最贴切?
   a. 一种录制和编辑多媒体文件的在线工具。
   b. 一种创建在线关系网的网络环境。
   c. 一种创建网站的在线平台。
   d. 一种管理日历的在线工具。

2. 将下列社交媒体平台与正确的描述相匹配:

1. 微信　　2. 豆瓣　　3. 新浪微博　　4. 优酷

a. _____侧重于读书、音乐、电影类信息的分享。

b. _____以名人微博、新闻、娱乐等信息为特色。

c. _____是中国热门的视频网站之一。

d. _____是基于熟人或工作圈子所建立起的社交关系平台。

3. 填空完成社交媒体营销活动的几个阶段：

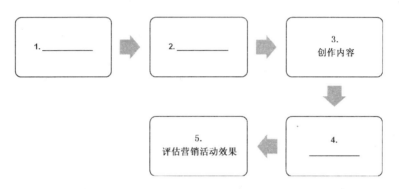

第 7 课

社交媒体账号

学习完这节课,你将:
- 了解社交媒体账号的概念
- 能够区分不同类型的账号
- 能够创建一个社交媒体企业账号
- 能够编辑社交媒体企业账号信息

7.1 社交媒体账号类型

💡 概念

确定使用某个或某几个社交媒体平台后需要注册账号。社交媒体平台上的用户账号也称为社交媒体档案,用户账号有多种类型,不同类型的账号在功能上有所不同,比如私密/公开可见和分析工具。

微信公众号是当前中国主流的互动营销方式,企业可以以图文消息、文字、图片、语音、视频形式进行群发,与粉丝沟通与互动。微信公众号有订阅号、服务号、小程序、企业微信四种类型。

提示:社交媒体平台的功能不断更新,企业可以通过关注平台的新闻、查看帮助页面及与用户社区互动以获取最新信息。

订阅号
- 侧重于信息及内容传播
- 适合个人和企业/组织
- 每天可群发一次
- 个人类型的订阅号不可认证

服务号
- 侧重于业务及服务的互动
- 适用于企业/组织
- 每月可群发四次
- 认证后可开通微信支付等更多功能

小程序
- 侧重于场景的服务
- 适用于有开发能力的个人或企业/组织
- 可以在微信内被便捷地获取和传播

企业微信
- 侧重于企业内部的沟通与协同管理

7.2 创建社交媒体企业账号

💡 概念

在社交媒体平台上创建企业或组织账号需要提交相关信息,如企业网址、联系方式、企业类型、企业头像和封面照片等。微信公众号的申请还需提交企业营业执照注册号及扫描件、对公账号信息及扫描件等。

这些信息都应是专业的、与品牌形象相符的,同时也应定时检查、更新这些信息。

微信公众号注册时需绑定管理员账号,管理员可以添加绑定 5 个长期运营者微信号、20 个短期运营者微信号(1 个月有效期)。运营者微信号可以直接登录公众平台管理素材及留言、操作群发等,无需经过管理员确认。每个微信号可绑定并管理 5 个公众号。

提示:不同的社交媒体平台图片尺寸要求不一样,因此无论是上传头像或封面头像,都应先确认平台的要求。

💡 步骤

创建社交媒体企业账号(以微信公众号为例)

(1) 登录微信公众平台 https://mp.weixin.qq.com/。
(2) 选择右上角**立即注册**。

（3）选择适合企业的**公众号类型**。

（4）填写邮箱、邮箱验证码、密码，勾选同意协议，点击**注册**按钮。

(5) 再次确认选择的公众号类型(注意:一旦成功建立账号,类型不可更改)。

(6) 选择主体类型为**企业**,并按要求登记主体信息。

(7) 完成相关信息后,点击**继续**按钮。

（8）填写**账号名称**、**功能介绍**、**运营地区**，点击**完成**按钮。

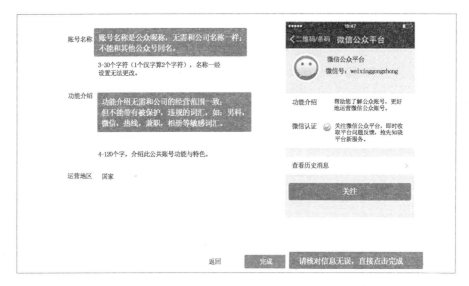

（9）审核通过后可修改**头像**、**微信号**等账号信息，可进行公众号的正常运营。

微信公众号认证与年审

认证与年审过程基本一致。

（1）将鼠标移至右上角公众号名称下拉框中选择**认证详情**或在左侧菜单栏中设置模块的**微信认证**，进入认证页面。

（2）准备认证相关材料（电子照片或扫描件），包括：

a. 微信认证公函(需加盖企业公章)。

   b. 对公账户。

   c. 资质证明文件(注意:不同的组织类型需要不同的资质证明文件,一般企业需要准备工商营业执照)。

   d. 《商标注册书》和《商标授权书》(可选,如果公众号名称包含商标名称则需要上传)。

   e. 《税务登记副本》或《一般纳税人资格证书》(可选,开具发票时需要)。

   f. 《企业开户许可证》(可选,开具发票时需要)。

(3) 按要求填写资料,并确认公众号名称。

(4) 填写发票抬头等信息并支付费用。

(5) 等待认证审核,提交信息如有不完整则需补充完整后重新提交,审核通过即完成认证或年审。

设置微信公众号自动回复

创建微信公众号之后,企业可以设置自动回复,包括**被关注回复**、**关键词回复**、**收到消息回复**。

(1) 在左侧菜单栏中选择**功能——自动回复**。

(2) 3个选项卡中选择要设置的项目,其中**被关注回复**、**收到消息回复**都可以直接设置回复类型(文字、图片、语音、视频)与内容,而**关键词回复**需要建立回复规则。

(3) 点击**关键词回复**选项卡,点击**添加回复**。

（4）设置**规则名称**、**关键词**、**回复内容**及**回复方式**，点击**保存**。

设置**自动回复**有利于快速给用户回应或推送有价值的信息。例如，酒店可以将会员注册邀请作为被关注回复内容，当用户关注公众号时，即可看到酒店的会员计划特色、优势及注册途径等信息，这是一种发展注册会员的方式。

设置微信公众号菜单栏

（1）在左侧菜单栏中选择**功能——自定义菜单**。

（2）添加一级菜单(a)及子菜单(b)，设置**菜单名称**及**菜单内容**，可以是直接推送消息，也可以是跳转链接或者跳转小程序。

菜单栏最多可设置 3 个一级菜单栏，每个菜单栏可设置 5 个子菜单。

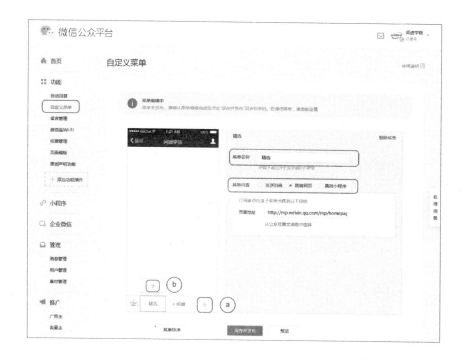

设置菜单栏可以帮助用户快捷地找到所需信息。企业可以在菜单栏设置**企业介绍**、**会员中心**、**预订中心**、**优惠信息**等入口。

企业可以通过微信公众平台进行设置，也可以通过第三方管理平台进行统一管理。

第三方管理平台

7.3 编辑社交媒体企业账号信息

概念

微信公众号创建成功后可修改账号信息,不同的社交媒体平台要求各不相同,运营前均需确定好各平台的要求。

头像是用户辨别账号的第一要素,而账号名称则是用户搜索的关键,其他信息也需尽可能地完善,以便用户了解企业账号的产品、服务等相关信息。

步骤

编辑社交媒体企业账号信息(以微信公众号为例)

注意:微信公众号中**账号名称**、**微信号**、**功能介绍**、**登录邮箱**均有修改次数限制。

（1）将鼠标移至右上角公众号名称下拉框中选择**账号详情**或左侧菜单栏中设置模块的**公众号设置**，进入设置页面。

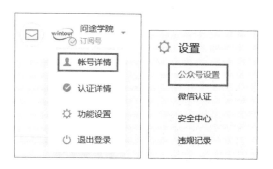

（2）点击**头像**进行修改，点击**选择图片**可以从电脑中选择图片上传，选择图片所在位置，然后点击**打开**。

（3）拖动图片选择合适位置，点击**下一步**，确认修改后点击**确认**。

（4）微信号、介绍、客服电话、所在地址、登录邮箱均可在右侧找到相应的修改或设置入口。其中微信号需有管理员权限才可以修改，登录邮箱的修改需经过密码及邮件验证。

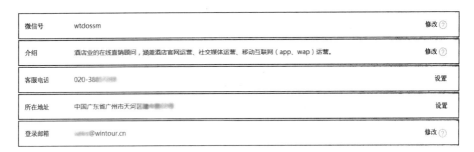

在**功能设置**页面还可以设置是否允许通过名称搜索到本账号以及图片是否添加水印。

一些社交媒体平台（如新浪微博）还可以为企业账号添加分类或标签，以便用户了解企业所在行业或业务范围等。

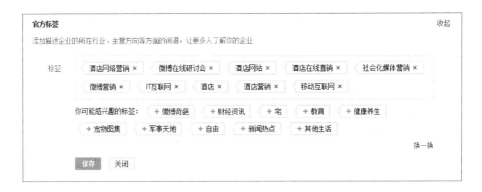

7.4 复习题

1. 哪一类型的微信公众号适用于业务及服务的互动？

    a. 订阅号

    b. 服务号

c. 企业号

d. 小程序

2. 在微信公众平台上创建一个企业账号。

3. 在微信公众平台上修改企业账号信息,并修改头像及完善其他信息。

第8课
使用社交媒体

> 学习完这节课,你将:
> - 了解一些常见的社交媒体行为
> - 能够新建、修改和删除动态、活动、投票和推广帖子

8.1 社交媒体行为

概念

创建账号之后就可以与用户进行互动。收到的评论数量、分享数量及点赞数量都可以用来分析用户与内容的互动程度,每个行为都代表着不同的意义:

发帖

发帖,也叫更新或发布动态,即将状态、图片或视频等内容发布到账号上。不同平台用不同的词表达发帖,如新浪微博叫发微博、微信公众号叫群发(又称发推文)。

评论

评论是指对帖子的回复,微信公众号中为留言。顾客和客户可以在你发布的帖子下面评论,你也可以回复他们的评论,还可以置顶有质量的评论或留言。同时,你还可以通过评论其他人或组织的帖子来建立联系、开始聊天。

分享

分享,也称转发或转载,是将其他账号或网站的内容重新发布到自己的社交媒体账号上并保留原有来源(最先发布的账号)。分享是用户对内容的最高赞赏。

点赞

点赞是用户表示对帖子或主页的认同或支持。不同的平台使用不同的点赞按钮,如微信、微博是大拇指向上,有些平台是心形。点赞和分享量是衡量一个帖子效果的关键指标。

提及/@

提及/@是在一个帖子、图片或视频中添加一个带链接的标签,该标签指向个人或企业的社交账号。如果有人点击这个标签,就会跳转到那个人或企业的主页上。在帖子评论区提及/@人也是与朋友分享帖子的另一种快捷方式。微博@功能与标签功能并不相同,@为提及另一账号,而标签功能为帖子分类功能。

> **话题** 是以"#话题#"（微博）的词组或短语形式表示。话题用于按主题对帖子和其他媒体进行分类以便搜索。点击话题会显示所有带此话题的帖子和媒体。微信无此功能。

> **关注** 是社交媒体用户对你的账号或内容感兴趣。你发布的公开帖子都能在他们的动态主页上看到。不同的平台有不同的方式。

8.2 创建及更新帖子

概念

不同的社交媒体平台上有不同的发帖形式。比如在新浪微博上：

表情 图片 视频	微博输入框可更新账号的**动态**，让用户随时了解企业相关动态，或是发布用户感兴趣的文字、表情、图片、视频等互动内容。比如一个饮品店可以在微博发布当天主推果昔的精美图像，吸引客人来店品尝。
#话题	添加热门**话题**标签有助于提高微博的曝光率。
头条文章	长图文可通过**头条文章**发布。

…… 点开省略号,还可以选择**直播**、**点评**、**定时发**、**音乐**、**投票**或**微公益**的形式发布。

手机客户端(7.7.0版)发布信息更便捷,形式更丰富:

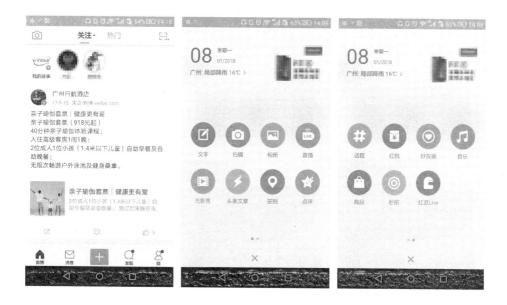

💡 **步骤**

新浪微博上可新建、删除、置顶微博,可编辑微博阅读权限,对微博内容的编辑功能目前仅对部分会员用户开放测试(截至2018年1月)。

发布动态

(1) 在新浪微博主页上,点击顶部的**微博输入框**。

（2）添加相关内容，点击**发布**。

删除或置顶动态

（1）点击帖子右上方的向下箭头。

（2）从下拉框选择**删**除或**置顶**。

创建投票

（1）点击微博输入框下方的省略号"…"。

（2）选择**投票**。

（3）填入相关投票详情，然后点击**发起**。投票详情包括：

a. 投票标题。

b. 投票说明(可选)。

c. 选择文字投票或图片投票。

d. 设置投票选项(如果选择图片投票,则每个选项需添加图片)。

e. 高级设置中可设置**单选/多选**、**结束时间**、**投票结果**及**隐藏文字**。

(4) 微博输入框会自动创建内容,包含投票标题与链接,点击**发布**让更多人看到投票。

编辑或删除投票

（1）通过微博中的链接查看投票。

（2）点击投票下方选项选择**修改选项**、**修改结束时间**或**删除投票**进行相关操作。

8.3 复习题

1. 将下面的社交媒体行为与描述相匹配：

    a. 在帖子中提到别人。

    b. 回复帖子。

    c. 重新发布其他账号的内容。

    d. 在自己的账号发布内容。

    e. 以"＃…＃"引用起来的词组或短语。

    f. 用户表达对帖子的同意。

2. 发布微博动态和投票。

3. 编辑投票。

4. 删除微博动态和投票。

第 9 课

社交媒体管理服务

学习完这节课,你将:
- 了解社交媒体管理服务的概念
- 了解常用的社交媒体管理服务
- 了解定时发帖的概念
- 能够定时发帖
- 了解短链接的概念

9.1 社交媒体管理服务

概念

管理社交媒体账号包括管理内容发布、互动、广告、跟踪及分析活动。这些管理活动都很费时间。

大多数社交媒体平台提供定时发帖、跟踪及分析活动的工具。如果企业需要在多个平台上管理多个社交媒体账号,可选择使用社交媒体管理服务以提高工作效率。

社交媒体管理服务工具多种多样,功能和特点也非常丰富。有的可以管理多个平台上的多个社交媒体账户,有的提供特殊的功能如信息采集、定时等。企业应先研究哪种最适合自己。常见的工具包括:

- **新媒体管家「Plus」(xmt.cn)**——新媒体管家「Plus」是运行在浏览器端的插件,以微信公众号管理为主,可同时管理多个主流新媒体账号,如微信公众平台、今日头条、微博、知乎等,针对微信公众平台还有多项功能优化。
- **微小宝多平台助手(wxb.com)**——以微信公众号管理为主,可同步管理其他10个主流媒体平台。具有数据分析功能,可定时微信群发(须是经过认证的公众号)。
- **皮皮时光机(t.pp.cc/)**——主要用于新浪微博账号管理,可设置定时发送、转发微博,具有多人协同管理功能。

9.2 定时发帖

💡 概念

定时发帖是指先写好帖子,然后设定时间进行发布。大多数社交媒体平台具有定时发帖功能,也可以通过社交媒体管理服务使用定时发帖功能。

💡 步骤

在皮皮时光机上定时发微博

要先注册一个账号,并添加微博账号(可直接用微博账号登录)。

(1) 选择**定时微博**。

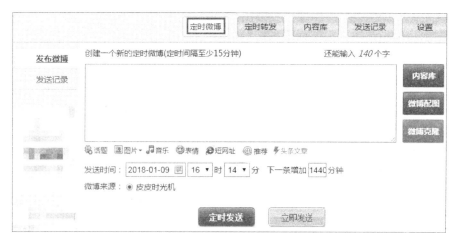

(2) 在编辑框编辑帖子。

(3) 设置定时发送的日期和时间。

(4) 点击**定时发送**。

9.3 短链接工具

概念

短链接在线服务工具可以将URL链接转化成短链接(又称短网址),并追踪其使用情况。在各种营销传播中使用短链接更方便传播活动的开展。例如,在电子邮件中发一个链接,或在社交媒体平台上发链接,使用短链接更有效。

除了短链接,有些服务工具还可以跟踪链接的使用情况,如被点击了多少次,哪个国家的用户点击了,在哪个网站点击的,等等。

https://0x3.me/可以免费缩短链接,统计报表为付费功能。

9.4 复习题

1. 什么是社交媒体管理服务?
   a. 用于管理硬盘上的媒体文件。
   b. 用于管理多个平台上的多个社交媒体账户。
   c. 用于在线搜索产品和服务。
   d. 用于将文件上传到在线存储账户。

2. 请列举出两个社交媒体管理服务。

_____

_____

3. 下列哪一个词指的是先写好帖子然后设置某个时间自动发布？

    a. 链接

    b. 定时

    c. 计划

    d. 设计

4. 在社交媒体管理服务中创建一个帖子，并将其设置为两天后发布。

第 10 课
社交媒体营销及推广

学习完这节课,你将:
- 了解意见领袖(KOL)的概念以及与他们联系的重要性
- 了解目标人群的概念以及优化内容以适应他们的重要性
- 了解视频营销的概念以及它在网络推广营销活动中的重要性
- 了解点评、引荐的概念以及它们在社交媒体推广中的重要性
- 了解病毒式内容的概念以及它在推广营销活动中的重要性
- 了解病毒式内容的构成元素
- 了解创建互动性社交媒体内容的方法

10.1 意见领袖(KOL)、点评及引荐

💡 概念

口碑和引荐是强有力的营销工具,社交媒体可以有效地利用口碑和引荐。研究表明,来自家庭、朋友、同事的建议比其他任何因素都更能影响购买决策。

企业可以通过与有影响力的人联系、鼓励点评、获得引荐链接等建立在线口碑。

什么是意见领袖(KOL)?

意见领袖(KOL)是在社交媒体上有大量粉丝的社交媒体用户,并且该社交媒体用户获得了粉丝的高度尊重。意见领袖的行为及认可能够影响粉丝的行动、行为或意见。意见领袖可以为品牌带来客户。

与意见领袖合作,首先需要了解企业所在领域有哪些有影响力的人,企业的目标客户关注着谁。需要考虑这些有影响力的人是否适合企业的品牌以及他们与粉丝的互动程度。然后与选中的意见领袖联系沟通,看看他们是否愿意合作或试用企业的产品。有些意见领袖很愿意发布产品点评,有些则需要赞助费。与意见领袖及他们的粉丝建立关系都需要花费一定的时间,这是一个建立信任、建立真实感的过程。

例如,酒店餐厅可以邀请美食博主品尝甜品,如果博主试用了并喜欢这些产品,他(她)很可能会向粉丝推荐。

名人代言是一项商业活动,比如要在他们的微博或微信公众号上发布与产品相关的帖子,则需要支付一定的费用。

什么是点评？

点评是客户或第三方对产品、服务的评价。在线点评会影响企业的声誉、搜索引擎排名，也会影响到转化。

> ☆☆☆☆☆ 口味：很好 环境：非常好 服务：很好　人均：65元
> 店有点难找，但有路标指示，很贴心。环境非常好，特别喜欢芒果慕斯，超好吃！

在线点评示例

认真管理点评对企业非常重要。企业可以鼓励满意的客户在第三方网站上留言，积极的评论是促进业务发展的重要方式。

如果客户不满意，企业应尝试解决问题，因为在线差评会损害企业名誉或影响其他客户购买产品的意愿。在客户留下差评之前，企业应该提供给顾客几种解决问题的方案以供选择。

如果得到了差评，企业还是要以专业且礼貌的方式回复顾客。企业应该对任何反馈都有所回应并解决问题让客户满意。

客户可以在在线评论网站如大众点评、猫途鹰，零售商网站如淘宝、京东，或者在本地点评网站发表评论。企业也可以在自己的网站上添加点评功能。

什么是引荐？

引荐指的是访客从其他网站的链接点击来到企业的网站。社交媒体网站是引荐流量的重要来源，也称为社交引荐。

10.2 目标人群

 概念

什么是目标人群？

目标人群是产品或服务针对的特定群体。在社交媒体上，目标人群是指企业想通过帖子或博文能够传播到的群体。

如何优化社交媒体内容以迎合目标人群？

企业可以专门优化、发布目标客户喜欢的内容。社交媒体与传统媒体渠道最大的不同点就是社交媒体可以实现企业与目标客户的双向沟通。因此，应该积极分享内容并促使目标客户参与并与企业分享的内容互动：点赞、评论、分享到其社交网络。考虑一下什么样的形式及主题可以吸引你的目标客户，他们一般喜欢什么时间上网,使用电脑还是手机客户端。例如,如果他们大多在手机上使用社交媒体,那么可以考虑使用适应他们屏幕的视频。

社交媒体平台可以提供非常具体的目标人群定位,以帮助企业的营销信息触及特定的目标人群。企业可以设置付费帖子(广告)的目标人群,如设置人群特征(性别、年龄、地理位置、语言)、兴趣爱好、浏览习惯、社交网络习惯等。例如,新浪微博的粉丝头条广告中,可以在"推广给更多用户"中的"兴趣用户"选择人群特征,如时尚/娱乐偏好、生活/服务偏好、购物特征、教育/健康特征、人生状态等。微信朋友圈广告也可以按照地域、年龄、性别、兴趣标签、婚恋状态、手机系统等设置目标人群。一些广告平台可以向曾访问过网站的用户展示广告,即再营销广告,也可以排除一部分用户看到广告,还可以预估多少用户会看到广告,企业可以依此修改目标人群的选择条件。

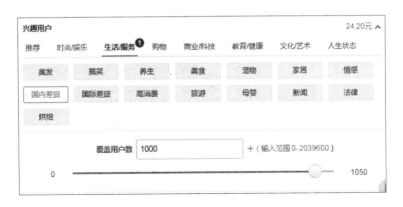

新浪微博粉丝头条设置目标人群

一些平台即使是免费帖子也可以设置目标人群。例如,在微信公众平台上可以给用户设置兴趣、特征标签等,可以根据标签、性别、国家/地区群发消息。

10.3 互动内容

 概念

什么是视频营销?

高质量的视频能够引起更多的互动,而且也容易分享给其他人,因此,视频营销是一种广受欢迎的数字营销方式。在社交媒体上,视频往往比文本或图片更吸引人。不同类型的视频能引起用户的情感共鸣,留下持久印象,比书面文章或宣传手册更容易传达信息。

视频无论在生产价值或内容上都必须是高质量的,如此才能吸引观众。视频也是用户获取信息的另一种有效方式。

社交媒体上热门视频类型包括:

- **情感共鸣的广告**可以让用户记住企业的品牌或产品,比如华为的广告《让孩子去爱,是给孩子最好的爱》、雅高酒店集团的广告《一个小承诺是我的全世界》都是通过暖心的故事引起用户的情感共鸣。
- **教程视频**可以帮助用户学习新技能或者一步步完成任务。美妆品牌就常用化妆视频教程来展示他们的专业性。
- 通过视频做**产品展示**,取代了产品说明书的阅读。例如,制造商三星公司发布如何安装洗衣机的视频教程。
- **幽默视频**能够让人开心大笑,更容易引起互动并被广泛分享。比如有些广告就有许多让人捧腹大笑的视频而广受流传。
- **真实故事视频**通过拍摄最普通、最贴近日常的场景与故事,给用户真实感。如农夫山泉的《一百二十里》《最后一公里》等,通过普通员工的故事来展示对品质的坚守。爱彼迎的房东故事系列视频则是由房东来讲述自己的故事,以引起观众的兴趣。
- **活动直播**。例如红牛赞助了无数的极限运动项目如悬崖跳水、山地自行车等,都可以在视频网站上直播。

什么是病毒式内容?

病毒式内容是指在互联网上快速分享、广泛传播的内容。视频和表情包更容易形成病毒式传播,社交媒体上到处可见这类内容。

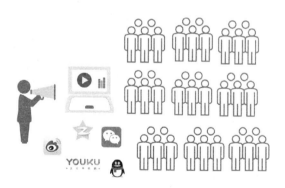

病毒式内容的特征:

- **幽默**——用户更愿意参与及分享他们觉得有趣的内容。例如中国气象频道2018年的宣传短片将天气预报拟人化为神秘黑衣人,通过预测天气,一步步帮助男主角俘获女主角芳心。短片在微博上收获超过3 000万次的播放量,转发、评论、点赞量也很高。

- **原创**——用户更愿意分享从没见过的东西。社交媒体上充斥着大量内容,只有具有原创性的内容才能脱颖而出。比如巧克力品牌歌帝梵(GODIVA)2016年的圣诞宣传视频独具创意,好吃的圣诞礼盒,一半可自留,一半可赠送。小肥羊的《寻味之旅》则是以138种食材为主角演绎出堪比中国山水画卷的场景。
- **与观众产生共鸣**——用户更愿意分享能够引起他们及其朋友圈情感共鸣的事物,同时他们也认为该事物在他们的社交圈也会引起共鸣。比如英国老牌百货公司John Lewis每年的圣诞节广告都极富吸引力,已成为许多人心中圣诞季开始的标志,较典型的有2015年的《月球上的人》、2017年的《床底下的小怪兽》等。
- **产生讨论**——用户更愿意分享他们想讨论的东西并与他们的朋交圈进行辩论。他们可能会评论帖子并将帖子转发到自己的社交网络进行持续讨论。多芬的"你比想象中更美丽"活动,让女性向素描艺术家描述自己,然后由素描艺术家作画的视频,激起了成千上万的关于自信及真正的美的评论及讨论。

创造互动内容的方法

什么样的内容会引人互动、能够触及目标人群?以下是一些建议:

(1) 定期更新,避免更新间隔时间长或更新不规律。
(2) 发帖时间要在目标客户活跃的时间段,这样才能将信息传递给他们。
(3) 发布的内容要与目标客户相关,并专门发一些能吸引他们的内容。
(4) 浏览其他公司或相关网站及博客寻找内容创作灵感。
(5) 策划并发布比赛吸引用户参与互动。
(6) 发布高质量图片和视频吸引用户互动。

10.4 复习题

1. 下列哪个选项对社交媒体上的意见领袖描述最恰当?
   a. 他们在社交媒体上关注了很多人。

b. 他们在社交媒体上对名人账号发表差评。

c. 他们可以在社交媒体上引导粉丝行动及行为。

d. 他们利用社交媒体广告提高知名度。

2. 列出吸引目标客户的3种内容形式。

3. 列出可以在社交媒体上推广新品的3种广告形式。

4. 以下内容在社交媒体上称为：

> ★★★★★ 口味：很好 环境：非常好 服务：很好 人均：65元
> 店有点难找，但有路标指示，很贴心。环境非常好，特别喜欢芒果慕斯，超好吃！

a. 赞

b. 点评

c. 评论

d. 关注

5. 下列哪个选项对社交媒体的病毒式内容描述最恰当？

a. 客户对产品的评价。

b. 社交媒体上的任何广告形式。

c. 广泛、快速分享的内容。

d. 定时发送的内容。

6. 列举病毒式内容的3个典型特征。

7. 以下哪 3 项是创造互动社交媒体内容的好方法?

   a. 发帖时间间隔长且不规律。

   b. 目标客户在线时发布内容。

   c. 发布吸引目标客户的内容。

   d. 策划并发布比赛吸引客户互动。

第 11 课
社交媒体互动、线索培养及销售

学习完这节课,你将:
- 了解管理社交媒体评论和投诉的方法
- 能够为提及(@)和评论设置提醒
- 了解行为召唤的概念及其在社交媒体平台发掘潜在客户的重要性
- 了解常见的行为召唤

11.1 评论及提醒

 概念

评论(Comments)

评论是社交媒体参与互动的重要部分。评论表明用户参与了帖子,这是企业建立客户关系、收集线索的机会。评论也是电子形式的口碑,它们能够影响潜在客户。

无论是帖子或主页的评论,品牌都应及时回复评论,并态度得当。好评意味着对品牌的推荐,对潜在客户会有积极的影响。回复好评很重要,这能让客户知道你在倾听他们的反馈。社交媒体上的差评或投诉都应立即应对,妥当处理。最好可以请客户与企业联系,尽量线下解决问题。

提醒(Notifications)

当企业的社交媒体账号有动态时(如提及/@或评论)会收到提醒,这有助于及时回复评论或问询。大多数社交媒体平台或社交媒体管理服务都有这种功能。

 步骤

在新浪微博上设置提醒

(1)访问新浪微博主页。
(2)鼠标移至右上角齿轮图标,从下拉框中选择**消息设置**。

(3) 设置提醒,包括@我的、评论、赞、私信、未关注人私信、新粉丝、好友圈的相关设置。

在新浪微博上设置提醒

11.2 行为召唤

概念

什么是行为召唤?

行为召唤用于引导用户完成某个行动或目标。行为召唤必须诱人、吸引眼球,并能清晰地解释希望客户做什么、能够得到什么。

有效的行为召唤可以为网站带来流量并增加潜在客户。例如,行为召唤可能会促使用户注册以接收定期的营销信息、订阅电子邮件、下单、索取宣传册、询问报价或要求回电:

- 询问报价(Get a quote)

- 注册(Sign up)
- 立即购买(Buy now / Shop now)
- 了解更多(Learn more)
- 下载 APP(Download APP)

社交媒体广告如信息流广告、推广帖常常会包含行为召唤按钮，明确引导客户下一步要做什么。

微信公众号推文中的行为召唤示例

微信朋友圈中的广告行为召唤示例

11.3 复习题

1. 如果顾客在社交媒体上发表评论抱怨产品，最好的解决方式是什么？
   a. 回复他们的评论并表示不赞同。
   b. 忽略他们的评论。
   c. 用恰当的方式及时回复他们的评论。
   d. 删除该顾客的社交账号。

2. 怎样在自己的社交媒体账号设置提醒，使每次有新评论时通知你。

3. 下列哪个选项对在社交媒体上的行为召唤描述得最为准确？

   a. 是被广泛及迅速分享的内容。

   b. 是一个给顾客完成具体行动的指示。

   c. 是在社交媒体上对一种产品的点评。

   d. 是一个不开心的顾客发表的差评。

4. 列举 3 种在社交媒体发帖中常用的行为召唤方式。

   _____

   _____

   _____

第 12 课

网 络 广 告

学习完这节课,你将:
- 了解常见的搜索引擎营销平台
- 了解常见的网络广告平台
- 了解网络广告的类型
- 了解什么是推广帖
- 了解推广帖对提高社交媒体互动参与度的重要性

12.1 网络广告概述

概念

企业可以通过不同的在线渠道进行广告宣传,如搜索引擎(搜索引擎营销)、网站和博客(展示广告)、社交媒体(推广帖)。

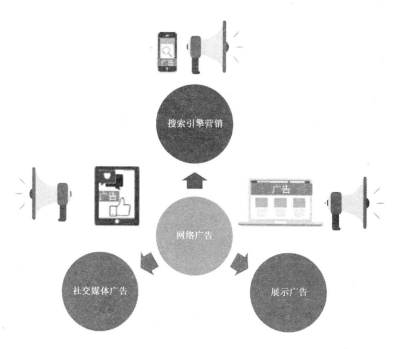

网络广告渠道

12.2 搜索引擎营销平台

概念

搜索引擎营销(SEM)包括搜索引擎结果页中展示出来的广告,通常被称为点击付费广告(PPC)。只有当广告被点击了,广告投放商才需要付费。搜索引擎广告让企业能够正好在客户搜索产品或服务的那一刻触及客户。企业也可以通过定义精准搜索词和地理位置向特定人群展示广告,比如企业只做本地市场,那么就可以选定当地区域进行广告投放。

企业可以通过 SEM 平台创建广告、投放广告,当目标用户在搜索引擎搜索时展示在结果页。中国常见的 SEM 平台为百度推广,而欧美地区一般为 Google AdWords:

- 百度推广(e.baidu.com)

Baidu推广

- Google AdWords (https://www.google.com/adwords/)

Google AdWords

SEM 广告是如何运作的?

SEM 广告的运作步骤:

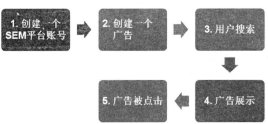

第1步:创建一个SEM平台账号

比如创建一个百度推广账号。

不同的广告平台有不同的账户结构和命名,例如百度推广的账号结构为:

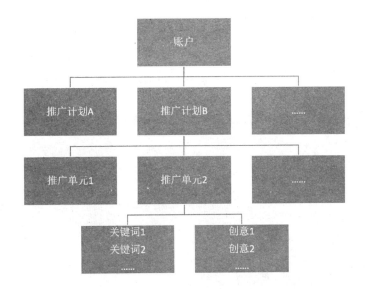

推广计划是管理一系列关键词/创意的大单位,即广告系列;推广单元是小单位,即广告组。创意是展示给用户的广告,而关键词则是与用户搜索相关的词语/词组。

第2步:创建一个广告

按平台的流程填入相关内容。如在百度推广上创建一个广告:

a. **新建推广计划**——包括推广计划名称、创意展现方式、推广地域、推广设备、关键词。

b. **添加推广单元**——包括推广单元名称、计算机及移动端。

c. **添加关键词**——关键词即客户在搜索企业产品或服务时可能会用到的词语。百度推广中提供关键词规划师,可以查看关键词的搜索量和竞争程度,最终选择适合企业的关键词。还可以设置否定关键词，即排除不相关的关键词，避免无效的广告展示。

d. **设置预算**——可以设置每日预算或不限定预算。如已设置每日预算，那么当天的点击费用达到预算值后，广告会自动下线，不再向用户展示。

e. **设置时段**——可以设置星期几展示广告，还可以设置具体的时间段。

f. **新建创意**——广告的展现形式，包括一个 URL 地址，即用户点击广告后会进入的页面（着陆页）；标题文本，即包含关键词或行为召唤词的广告标题或网页标题；简单描述，即企业产品或服务的广告语；创意配图。

第3步：用户搜索

用户在搜索引擎上搜索一个词语或短语。

第4步：广告展示

如果广告的关键词与用户搜索的关键词互相匹配，广告就会显示在搜索结果页中。通常在搜索引擎结果页中,广告会显示在自然搜索结果的顶部或右侧,并标有"推广"或"广告"字样。广告排名受竞价和广告质量的影响。举个例子,如果将"ECDL"设置为广告关键词,那么当用户搜索"ECDL"时,这个广告就会出现在搜索结果页中,对"ECDL"这个关键词出价越高,广告排名越靠前。

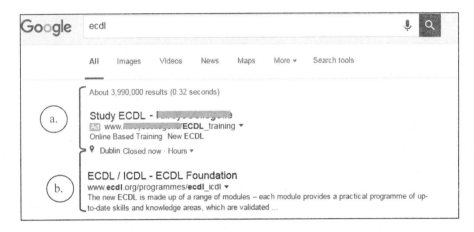

谷歌搜索引擎结果页

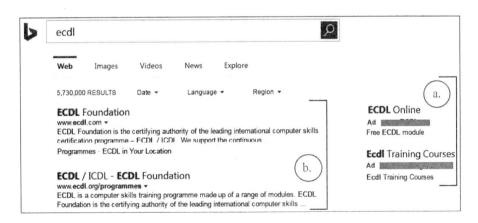

必应搜索引擎结果页

a. 用户点击结果页中的广告,广告主则需付费。

b. 自然搜索结果通常会显示在另一侧或者广告下方。

第5步：广告被点击

如果广告吸引人，那么用户在搜索时则有可能会点击广告。只有当广告被点击时，广告主才需要付费。根据广告的设置，用户点击广告后可能会跳转到网站、导航或直接拨打电话。

12.3 展示网络广告的平台

 概念

展示网络广告的平台非常多，包括谷歌展示网络、必应网络等，中国的网络广告平台包括百度网盟、淘宝钻石展位等。

展示广告是如何运作的？

展示广告通过展示网络广告平台展示给互联网用户。商家通过展示广告在目标客户可能出现的地方打广告，如目标客户感兴趣的网站、博客、移动APP等。比如说，当用户在浏览婚礼相关的博客时可能会看到婚礼花束商投放的展示广告。展示广告有助于企业提高产品或服务的知名度，但花费可能会比较高。

企业投放展示广告主要有以下几步，以百度网盟为例。

第一步：**创建展示网络广告账号**。如已有百度推广账号，可直接开通百度网盟功能。

 第二步：**创建推广计划与推广单元**。在百度网盟中新建推广计划(广告系列)与推广单元(广告组)并完成相关信息。推广计划中选择每日预算是按点击量(广告被用户点击的次数)或是曝光量(广告被用户看见的次数)、投放时段、投放设备等计费。推广单元中选择推广位、推广方式、单元出价等。还可以进一步设置精准投放条件，包括投放设备、投放区域、投放媒体、投放受众(包括人群属性)条件的设置。

 第三步：**创建创意(广告)**。创建创意(广告)的表现形式，广告的表现形式可以是文字、图片、图文结合等。

 第四步：**广告被展示**。一个互联网用户浏览相关的网页时，广告就会被展示出来。百度网盟的广告是按设置推广单元时选择的推广位进行展示，包括横幅、开屏、信息流、插屏、视频。

第五步：**扣费**。展示广告按曝光量或点击量进行收费，这取决于广告的设置。

12.4 网络广告的类型

网络广告的形式多种多样，投放哪种广告取决于该种广告形式是否适合企业的产品、服务或营销目标。网络广告平台会提供工具帮助创建不同类型的广告，比如百度推广创意有高级样式。

文本广告(Text Ads)

文本广告只包含文本，比如只包含文本标题、着陆页 URL 和描述文本。文本广告在谷歌展示网络中又被称为响应式广告，能够根据空间大小自行调整。文本广告需要包含行为召唤词、核心关键词和推广信息。

图像广告(Image Ads)

图像广告包含图像，也可以有文本。百度推广创意中可以创建一个图像广告，自定义添加标题文字、描述文字、含有行为召唤词的按钮。还可以添加 Logo、设置图像广告中展示的 URL 以及目标着陆页（即用户点击广告进入的页面）的 URL 以及广告尺寸。

视频广告(Video Ads)

视频广告能非常有效地吸引用户注意力，因此这种网络广告形式非常受欢迎。视频广告可以投放在用户浏览的网站或者视频分享网站上其他视频的开头处。广告商可以选择广告"可跳过"或者用户必须看完整个广告。

浮动广告(Floating Ads)

浮动广告指的是浮动在网页窗口内容上方并使其遮住下方内容的广告形式，目的是抓住用户注意力。有时浮动广告没有关闭按钮，只能等到浮动广告自行关闭才能继续浏览网页。

弹窗广告(Pop-up Ads)

弹窗广告指的是在主窗口上方弹出的窗口广告或者在主浏览窗口后方出现的广告(这种也称背弹式广告)。通常有文本、图像、视频、表格等多种形式。多数浏览器可以选择是否屏蔽弹窗广告。

火狐浏览器的弹窗设置

横幅广告(Banner Ads)

横幅广告通常是长方形的,像网页上挂了个横幅一样。横幅广告可以有不同的尺寸,通常展示在网页的一侧或底部,可以包含文本、图像、动画等,通常可以链接到广告供应商的网站。

12.5 社交媒体广告

 概念

为什么要投放社交媒体广告?

社交媒体广告有很多优势:

(1) 品牌可以有目的性地利用社交网络上的真实口碑和引荐,比如向品牌粉丝的朋友推送广告。
(2) 相比传统媒体广告,社交媒体广告能使品牌更好玩、更有趣、更具体验性。
(3) 社交媒体广告的参与情况非常清晰,品牌可以立即获得广告(信息或促销)的用户反馈。
(4) 广告制作及投放的时间非常灵活。一个限时活动,如秒杀,可以快速地在社交媒体上大力推广,也可以快速地停止广告。
(5) 社交媒体广告的点击通常比其他广告平台具有更高成本效益。
(6) 平台具有更详尽的目标人群数据。

目标人群

社交媒体平台可以通过用户的个人资料、分享的信息(如关注或互动的主页、点击的广告、使用的其他APP或网站及数据供应商所提供的信息)来判断用户的兴趣与偏好。企业可以利用这些信息来选择自己的目标人群。

在社交媒体平台上投放广告可以通过以下这些条件来选择目标人群:

- 人群特征(Demographics)——如年龄、性别、兴趣、语言等。
- 地理位置(Location)——如国家、地区、与企业的距离等。
- 兴趣(Interests)——如音乐、电影、体育运动、游戏、购物等。
- 行为(Behaviours)——如购物习惯、旅游意图、旅游使用的设备等。
- 关系网(Connections)——包括关注企业账号或主页的粉丝及他们的朋友圈。
- 合作伙伴类别(Partner Categories)——通过第三方数据商所提供的线下行为信息。

微信朋友圈广告可按照地域、年龄、性别、应用兴趣等维度设置目标人群,也可进一步设置学历、婚恋状态、手机系统、运营商、联网环境等条件。

社交媒体广告是如何运作的?

社交媒体平台提供各种工具帮助企业创建并管理广告。多数社交媒体平台广告的投放步骤均相似:

微信广告分为朋友圈广告、公众号广告两种形态,企业可以在微信公众平台左侧进入**广告主频道**进行选择,并设置推广目标。比如企业想在微信朋友圈推广企业的公众号以提高关注量或访问量,那么选择**朋友圈广告**,推广目标选择**公众号推广**。

第一步：**选择广告类型**。在**投放目标设置**中设置广告类型、购买方式及广告名称。

第二步：**创建广告**。选择目标人群和预算，即在**投放设置页**进行进一步设置，包括上线及结束时间、投放人群、锁定预算或设置出价等。然后进入**方案编辑页**设置广告文案、图片、点击文案（行为召唤）和详情页（着陆页）。广告文案可实时预览。

第三步：**广告被展示**。最终广告被展示给选中的目标人群。微信朋友圈广告会以类似朋友的原创内容形式展现在目标人群的朋友圈中。而公众号广告则会以关注卡片或图片卡片的形式展现在开通广告位的公众号推文底部。

12.6 复习题

1. 下列哪两项是搜索引擎营销平台？

   a. MailChimp.

   b. 百度推广

   c. 必应广告

   d. Wix.

2. 下列哪一项是在线广告平台?

    a. DOSSM

    b. 搜索引擎优化

    c. 百度网盟

    d. 短链接工具

3. 列出 3 种网络广告类型。

    _____

    _____

4. 下列哪两项是社交媒体平台上的广告形式?

    a. 弹窗广告

    b. 定时推文

    c. 朋友圈广告

    c. 公众号广告

5. 列出 3 个理由说明为什么要在社交媒体上投放广告。

    _____

    _____

第 13 课

电子邮件营销

学习完这节课,你将:
- 了解常见的电子邮件营销平台
- 能够在电子邮件营销应用程序上创建账号
- 了解选择加入(Opt-in)与选择退出(Opt-out)的概念
- 能够在电子邮件营销应用程序上创建、编辑和删除联系人列表
- 能够在电子邮件营销应用程序上创建电子邮件营销活动,并选择模板
- 能够在电子邮件营销应用程序上发送邮件
- 能够在电子邮件营销应用程序上设置定时发送邮件

13.1 电子邮件营销平台

概念

电子邮件营销即直接通过电子邮件触及客户。电子邮件营销成本效益高,只需少量工作即可触及大量用户,而且相对来说比较容易实施。

营销电子邮件可以是以促销为目的,强调促销、特价;可以推送博客,让客户随时知道企业动态;也可以是售后服务,给客户温馨提示以及邀请评价。电子邮件可以包含文字形式及富媒体形式。

营销电子邮件的收件人可以是企业已有客户、订阅客户或者通过购买得到的邮箱名录。如果需要管理大量的联系人、多个联系人列表或多个营销活动,那么就需要一个电子邮件营销平台。电子邮件营销平台可以创建电子邮件营销活动,并跟踪收件人的行为以衡量营销活动是否成功,这些信息有助于优化营销活动。国外常用的电子邮件营销平台有:

- MailChimp(www.mailchimp.com)
- Constant Contact(www.constantcontact.com)

这两个平台都有免费及付款的功能,企业可按需求及容量选择。

13.2 创建电子邮件营销账号

概念

使用电子邮件营销平台前需要先创建账号。

步骤

创建一个 MailChimp 账号

（1）登录网站 www.mailchimp.com。
（2）点击**免费注册**(Sign Up Free)。
（3）输入**邮箱**、**用户名**和**密码**。
（4）点击**注册**(Get Started)。

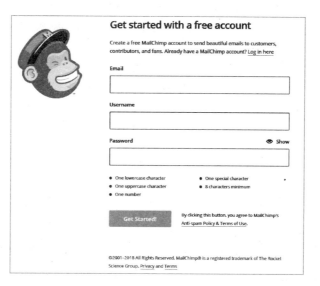

（5）再注册邮箱收取激活邮件，并点击**激活账号**(Activate Account)。

(6) 完成验证步骤，点击**确认注册**(Confirm Signup)。

(7) 在欢迎页面输入姓名、企业姓名、网站、地址、是否在线销售、关联社交媒体账号、订阅帮助邮件，然后点击**开始**(Let's Go!)。

13.3 创建及管理联系人列表

 概念

选择加入(Opt-in)或退出(Opt-out)

电子邮件营销的成功取决于联系人列表的质量。联系人列表应包含已经订阅或选择加入营销名单的联系人，这些人既已订阅或选择加入营销名单，也就表现出了对产品或服务的兴趣，更愿意接收营销信息。

如果客户并没有许可，那么他们会将营销邮件视为垃圾邮件或未经请求的邮件。未经请求的邮件会被忽略，或者造成客户对企业的负面印象，在一些国家甚至是违法的。企业的营销邮件中应该给客户退订或选择退出营销名单的选择。

为不同受众定制营销电子邮件也是很好的方法。联系人列表可以按不同的细节创建，比如通过比赛、活动或博客等不同订阅渠道创建。

电子邮件营销平台能够帮助企业创建并管理订阅者的联系名单。

 步骤

在电子营销平台上创建联系人列表

(1) 从 MailChimp 进入**名单**(Lists)页面。

(2) 点击**创建名单(Create List)**。

(3) 完成名单详情,并填写**名单名称(List Name)**,这个名称收件人也能看到。

(4) 填写企业希望出现在"发送者"栏的邮件地址和名字。

(5) 输入文本提醒收件人他们为什么会收到这个邮件,这能让他们知道这是真实邮件而不是垃圾邮件。

(6) 设置收件人订阅/取消订阅的提醒方式。

(7) 点击**保存(Save)**。

(8) 点击**导入订阅者(Import Subscribers)**将已有订阅者导入。

(9) 选择**来源(Source)**,点击**下一步(Next)**。可以选择.csv或.txt文件,或从.xls、.xlsx文件复制粘贴,或从其他通讯录渠道导入。

(10) 完成信息,点击**下一步(Next)**。

(11) 点击**导入(Import)**,名单成功创建。

在电子营销平台上管理联系人列表

(1) 从MailChimp进入**名单(Lists)**页面,点击列表右边的向下箭头。

(2) 点击**管理订阅者(Manage Subscribers)**。

(3) 如需添加联系人,点击**添加订阅人(Add Subscriber)**,输入电子邮件地址、姓名,选择许可框,点击**订阅(Subscribe)**。

(4) 如需删除联系人,点击**取消订阅人(Unsubscribe People)**,输入电子邮件地址,点击**取消订阅(Unsubscribe)**。

在电子营销平台上删除联系人列表

(1) 从MailChimp进入**名单(Lists)**页面,点击列表一侧的选择框。

(2) 点击**删除(Delete)**。

(3) 输入DELETE确认。

(4) 点击**删除(Delete)**。

13.4 创建及管理电子邮件营销活动

概念

电子邮件营销平台为企业提供工具,企业可以创建、发送、定时发送各种专门定制、设计的电子邮件。

企业可以选择收件人群、选择合适的模板、加上自己的内容,然后定时发送电子邮件。MailChimp 就提供了一系列从普通的到专业设计的模板,企业只需要把自己的内容加上去。

一些平台还可以追踪电子邮件发送情况,比如哪些人打开了电子邮件、哪些人点击了链接、某个链接被多少人点击等。

提示:电子邮件的主题名称要具有描述性、有趣一些,以吸引收件人打开邮件。

步骤

通过电子邮件营销应用程序的模板创建营销活动

(1) 从 MailChimp 进入**营销活动**页面,点击**创建营销活动**。
(2) 选择营销活动类型——**常规营销**、**纯文本营销**(只包含文本内容)、**A/B测试营销**(用于对比两种营销活动,看看哪种效果好)或者 **RSS 营销**(自动基于 RSS 订阅)。
(3) 选择**收件人**,点击**下一步**。
(4) 在营销活动页面,输入**营销活动名称**、**电子邮件主题**、**发送者名称**、**发送者邮**

箱,还可以在发送区设置追踪选项及企业社交媒体账号链接。

(5) 点击下一步。

(6) 在**选择模板**页面选择合适的模板,点击下一步。**基础**页面包含基本的布局排版,**主题**页面包含分类的专业设计模板。

(7) 在**设计**页面完成内容和设计。

(8) 点击**预览及测试**,预览电子邮件的内容和排版设计。

(9) 点击**保存为模板**,将电子邮件内容保存成模板,为方便以后使用,输入模板名称,点击保存。

(10) 点击下一步。

(11) 在**确认**页面查看反馈,如有需要则进行修改。

通过电子邮件营销应用程序发送电子邮件

(1) 如果要立即发送电子邮件,则在**确认**页面选择**发送**。

(2) 点击**立即发送**。

通过电子邮件营销应用程序定时发送电子邮件

(1) 如果要定时发送电子邮件,则在**确认**页面选择**定时**。

(2) 输入**日期**和**时间**。

(3) 点击**定时发送**。

13.5 复习题

1. 下列哪两项是电子邮件营销平台?

   a. MailChimp

   b. 百度网盟

   c. 优酷

   d. Constant Contact

2. 某人选择接收营销邮件，称为：

    a. 选择退出（Opt-out）

    b. 选择加入（Opt-in）

    c. 退订（Unsubscribe）

    d. 提交（Submit）

3. 在电子邮件营销应用程序中创建账号。

4. 在电子邮件营销应用程序中创建并管理联系人列表。

5. 在电子邮件营销应用程序中用模板创建电子邮件营销活动。

6. 通过电子邮件营销应用程序发送电子邮件营销活动。

7. 定时两天后发送电子邮件营销活动。

第 14 课

移 动 营 销

学习完这节课,你将:
- 了解使用移动营销的原因
- 了解移动应用程序的概念
- 了解营销中如何利用移动应用程序
- 了解移动营销活动的要点
- 了解移动广告的类型

14.1 移动营销概述

💡 概念

什么是移动营销?

移动营销是指在设备端(如智能手机、平板电脑及移动电话)利用营销手段直接接触客户。

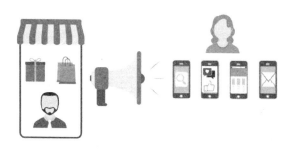

自 2007 年 iPhone 推出以来,移动设备已发展成为现代生活的中心。消费者通过移动设备发信息、看视频、听音乐、发邮件、搜索、拍照、使用网上银行、点外卖、浏览网页、打车、购物……绝大多数移动端用户每天 24 小时将设备放在手边,这也为移动营销提供了前所未有的机会。

通过这些设备端吸引客户对企业来说是个巨大的营销机会,同时也是挑战。

用户期望所有的移动营销活动都可以提供便利、个性化及流畅的体验。如果网站、广告及应用程序没有针对用户的设备和位置进行优化定制,客户将被无数其他的移动营销活动吸引走。

为什么使用移动营销?

● **获得更多客户**——2015年手机取代电脑成为全球上网的主要设备。如果企业在营销策划中忽略了移动设备端营销,将会与大部分潜在客户失之交臂。移动平台提供了更频繁、更实时地接触更多客户的机会。

● **根据位置定位客户**——智能手机和应用程序使用全球定位系统(GPS)和Wi-Fi数据用来确定用户的位置。定位权限允许操作系统,如安卓和iOS系统(iPad和iPhone的操作系统),以及获得授权定位权限的应用程序去定位用户的工作场所、家庭和每周例程。企业根据定位数据提供与用户邻近度和通勤度相关的内容、促销信息及优惠券,例如应用里的广告可以针对业务距离内的用户进行实时促销。

帮助用户找到企业

搜索引擎使用位置数据提高移动搜索效果,他们的目标是为使用移动端的搜索者提供方便和直观的体验。因此本地搜索结果页面可以包括地图视图,带有附近企业的名称及营业时间、电话和获取路线的选项。优化本地在线搜索的企业可以获得更多移动端客户。

14.2 移动应用程序

 概念

什么是移动应用程序?

移动应用程序即APP,是一种在移动设备(如智能手机和平板电脑)上运行的应用程序。

智能手机和平板电脑预装了一些APP,如电子邮件、日历、地图、照片及视频。

APP也可以扩展移动设备的功能。如Word处理这类提高办公效率的APP,视频及图片编辑APP,微信和微博这种社交APP。

有些企业的业务是完全基于APP的,例如滴滴使用其应用程序确定客户的确切位置并提供拼车服务。

应用程序是为它们运行的移动操作系统(OS)设计的,并可以在其OS应用商店里下载。因此iPhone和iPad应用程序可以从苹果的应用商店下载,而运用安卓系统的设备可以在安卓应用市场获得。

移动应用程序如何应用于市场营销?

推广业务及服务

企业可以通过移动应用程序推广业务及服务,该移动应用程序可以是企业自己的,也可以是第三方应用程序。

企业可以与已下载了应用程序的用户直接沟通,称为推送通知。例如,在线零售商亚马逊可以向其应用客户推送折扣促销信息:"老客户享八折优惠,付款时请输入优惠码'20X'。"

零售商也可以利用第三方应用程序如微博,通过动态时间轴上的广告帖给老客户展示促销和折扣信息。用户点击广告后会跳转到移动端网站,并收到优惠代码。亚马逊需要向第三方平台上的广告点击付费,但是如果是自己应用程序所获得的流量则是免费的。

提供服务

很多企业开发应用程序是为了给移动端客户提供更好的服务。

例如,手机银行是现代生活的核心部分,如果银行的应用程序不能满足用户需求,很多客户会选择关闭他们的账户。航空公司的应用程序可以让顾客在手机端保存登机牌、办理登机手续并轻松地监控航班状态。

在爱彼迎应用程序中,用户可以浏览住宿目录(使用"附近"选项),也可以发消息给房东、编辑个人页面、选择支付方式及访问客户服务。

企业开发应用程序的成本是相当大的,尤其是每个操作系统(主要是安卓和iOS)都需要不同的应用程序。因此,许多小型企业会选择使用手机网站或响应式网页替代手机应用程序。

产生销售

许多企业自然希望能从应用程序上产生销售。大型零售商开发应用程序让客户在移动设备上购买他们的产品和服务。

有些企业通过下载应用程序产生收益。有些则是一种免费的运营模式:下载应用程序免费,但是应用程序内收费,如购买更多功能、道具等。这种模式常见于游戏,如王者荣耀2017年第一季度月收入超过30亿元,最高日收入可达2亿元。

14.3 移动营销的策略

💡 概念

针对移动用户的营销活动必须提供个性化定制、便捷的移动体验,否则用户只会觉得失望,最终造成企业损失。这种体验包括创建适合移动设备的网站,并为移动设备定制关键字和广告。

创建移动端友好的网站

网站的每个页面在移动端的展示也需要有良好的体验,移动用户可以轻松查看并完成操作。链接之间不能靠得太近,字体大小应该适用于小屏幕,按钮应该容易交互,同时应尽量减少打字的需要。

响应式网站设计会根据所浏览屏幕的分辨率自动调整。这就不需要电脑和移动端分别开发独立的网站。移动端友好的网站应该可以快速加载,由于大文件加载时间长,所以尽量使用小文件,这样可以提升性能。移动端友好的网站应该嵌入其他网站上的视频而不是强迫用户下载。移动端友好的网站有利于用户与网站互动,这也是影响移动搜索排名的一个因素。移动端友好的网站应该可以在不同的移动设备和移动操作系统上使用。

提示:有一些在线工具可以用于测试网站在手机端的效果,如谷歌浏览器的开发者工具。

为移动端定制关键词

移动端用户搜索时通常在路上,使用的是小屏幕小键盘,但查找目标明确,因此他们搜索的关键词一般会比电脑端更短。企业应考虑搜索的场景及意图并满足移动端搜索需求。

例如,百度地图提供"附近搜索"给本地服务企业,对于加油站、理发店、餐厅这类企业,"附近搜索"越来越受欢迎。

企业应通过加入目录网站、当地服务平台等方式来优化移动搜索的网络展示。联系方式、营业时间和业务说明等信息应及时更新。

在移动搜索结果页面,大多数用户不会向下滚动超过三条或四条结果,所以关键词的排名非常重要。

提示:通过工具(如百度指数、关键词规划师或站长工具)研究移动用户使用的关键词,然后将这些关键词涵盖在企业的内容和网页代码部分。

定制移动端广告

广告应该为移动设备定制。它们必须在所有设备上进行测试,以确保字体大小、图像尺寸和文本长度适合较小的屏幕。行为召唤必须简洁明确,并为用户提供诸如"立即电话联系"或"下载应用程序"这样的按钮。广告指向的链接网站必须对移动端友好。

14.4 移动广告

 概念

什么是移动广告?

移动广告是直接将广告展示给移动设备上的客户,如智能手机和平板电脑的使用者。移动广告可以基于地理位置、设备型号、操作系统、通讯运营商、过去使用过的应用程序、人群特征以及行为特征等。

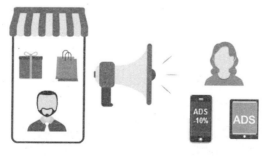

移动广告平台如百度推广等可以自动创建移动广告版本,也可以为移动用户创建定制广告。

企业可以在电脑端和移动端使用同个类型的广告,但是移动端广告应该优化其展现效果。

视频广告——这些视频是广告的核心,出现在应用程序和移动网站上。移动视频广告比电脑端的客户留存率更高。移动视频广告只能在可查看的状态下自动播放,默认设置为静音,观看者可以自行选择是否播放声音。一般建议将视频设计为静音状态,使用视觉和字幕讲述故事。视频广告需要迅速吸引用户的注意力。视频的框架非常重要,有些广告商使用方形格式以占用更多的移动屏幕空间。

搜索广告——这些广告显示在移动设备的搜索结果页面上。当人们正在搜索企业所能提供的商品时,企业的广告会精准地推送给客户。因为使用手机搜索购物预留的时间比电脑端短很多,所以需要考虑搜索者搜索的场景及意图。例如,很多移动客户搜索酒店都是想当晚预订,所以很多酒店会在广告中加上一个按钮,上面写着"预订今晚"。移动搜索广告也可以添加"下载 APP"或者"点击拨打电话"这些按钮,这些可作为转化来进行追踪。

展示广告——这些广告以多种形式出现在移动网站和应用程序中,例如文本、图片、动画、音频和视频。横幅广告在免费应用程序中很常见,它们为应用程序开发者提供收入。

社交媒体广告——这些广告出现在社交媒体网站上,企业可以面向使用社交媒体应用程序时或访问社交媒体网站的人群展示广告。绝大多数社交媒体用户都是移动用户(微博日常活跃用户有91%是移动用户,而微信原本就是基于移动端的应用),因此这些社交媒体平台开发了专门吸引移动用户眼球的广告形式。例如,移动广告中添加一些行为召唤按钮"安装应用程序"或"玩游戏";为当地企业添加"获取路线"或"现在联系"按钮;添加图片展示框,用户可以划动查看多张产品图。

移动端社交媒体广告

应用程序广告——这种广告在手机应用程序中展现,因此企业可以在用户使用手机应用程序时吸引用户,应用程序广告可以包含上述任何广告类型。

14.5 复习题

1. 列举出两个使用移动营销的原因。

   _____

   _____

2. 以下哪个术语描述了设计用在智能手机和平板电脑等移动设备上运行的程序?

   a. 标签

   b. 应用程序

   c. 帖子

   d. 下载

3. 列举出移动应用程序可以用于营销的 3 种方式。

   _____

   _____

   _____

4. 列举出策划移动营销活动时为确保最佳的用户体验需要考虑的 3 个方面。

   _____

   _____

   _____

5. 以下哪 3 项是移动广告的类型?

   a. 搜索广告

   b. 展示广告

   c. 社交媒体广告

   d. 杂志广告

第 15 课

网络统计分析

学习完这节课，你将：

- 了解统计分析的概念
- 认识到统计分析对数字营销活动的重要性
- 了解网站流量的概念以及吸引有质量流量的重要性
- 了解常见的统计分析术语：独立访客、跳出率、转化率、跟踪代码、引荐
- 了解一些常用的网站分析工具
- 能够创建分析工具账号
- 能够通过网站分析工具建立并以.csv格式导出分析报告
- 能够在网站分析工具上设置定时分析报告邮件

15.1 统计分析概述

 概念

什么是数字营销统计分析？

数字营销统计分析是抓取、报告、分析用户行为数据，以找到用户行为模式并获得可执行的思路的过程。

数字营销活动开始时要设置目标，然后追踪评估营销活动效果，包括衡量是否达到目标、有什么发展趋势或者改进的机会，然后进行改变、优化，并继续追踪衡量。统计分析则包含管理这一过程的方法与工具。

统计分析为什么重要?

非数字广告的一大弱点是很难衡量投资回报率(ROI)。而在数字营销中,没有什么是不能被衡量的。因此,与其他衡量方式相比,ROI更容易理解。

统计分析可以实时洞察营销活动甚至企业经营活动的有效性。有效的解读能为决策及营销活动调整提供实际的、可操作的信息。营销活动可以实时监控,快速调整,即省时又省钱。数字营销活动中可以收集数据量,通过工具分析数据,了解顾客在网站上的行为路径,以及哪些地方影响了转化。

如果企业的营销活动效果与目标不相符,统计分析可以了解原因,并获得调整建议。企业还可通过统计分析测试不同的营销活动,看看哪种效果更好。

统计分析工具可以用于哪些方面?

大部分的数字营销平台都有统计分析工具。分析工具可以用于衡量:

- 网站关键指标
- 社交媒体营销活动
- 电子邮件营销活动
- 网络广告营销活动

15.2 网站分析概述

 概念

什么是网站分析?

网站分析是跟踪、报告、分析网站访客(网站流量,Web Traffic)行为的过程。网站分析是数字营销的重要组成部分。

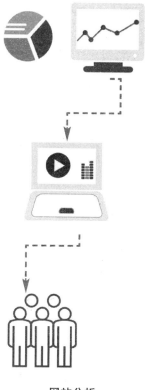

网站分析

网站分析由维度和指标组成。

维度是数据的属性,比如**浏览器**维度指的是访客使用的浏览器,如火狐浏览器、谷歌浏览器等。维度通常是用文字描述。

指标是数量方面的衡量,如**新访客**指标则是第一次访问的访客总数量。指标通常是用数据表示。

利用网站分析工具可以追踪什么?

利用网站分析工具可追踪各种网站流量行为:

通过查看访客来源渠道可以知道访客是如何来到企业网站的,如:
- 直接流量(直接在浏览器上输入网站网址获得的流量)。
- 自然搜索流量(从搜索引擎上获得的免费流量)。
- 社交媒体网站流量(通过社交媒体获得的流量)。
- 引荐流量(通过点击其他网站上的链接到达企业网站的流量)。

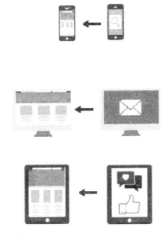

网站流量来源举例

通过网站分析工具还可以查看其他的维度,比如访客用的是什么设备、用的什么网络、地理位置、语言设置等。

指标还包括**独立访客数量**(Unique Visitors),即一个时间段内总的访客人数,不计一个访客的多次访问。

了解访客访问了网站之后做了什么也非常重要。比如，访客是不是点击了网站的内部链接，或者访问了一个页面（即着陆页）就离开了。如果访客只访问了一个页面，完全没有访问其他页面就离开了，这样的访客数量除以访客总量的比例叫**跳出率**(Bounce Rate)。

网站分析工具还可以追踪访客是否完成某一特定动作，如**转化**(Conversions)。比如，企业希望访客下载一个表格或订阅邮件，那么可以将这些动作视为转化来跟踪。已转化的独立访客数量除以独立访客总量的比例则为**转化率**(Conversion Rate)。

15.3 运用网站分析

 概念

网站分析是如何运作的？

使用网站分析工具前需要先在网站分析平台上创建账号。百度统计是国内常见的网站分析平台之一。

创建网站分析账号后会收到一段跟踪代码，将这段代码加到网站页面上，就可以收集网站的数据并传送至分析工具。

网站分析工具中可以选择多种方式查看、管理数据。可以用预设的报告查看数据或者自定义报告。

在百度统计的**报告**模块，左侧栏有一系列的预设报告可供选择，包括**流量分析**、**来源分析**、**访问分析**、**转化分析**、**访客分析**和**优化分析**。

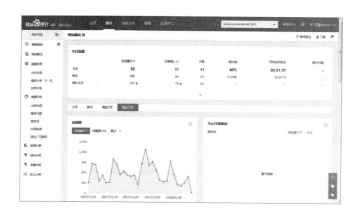

百度统计报告

报告可导出为 **CSV** 格式及 **PDF** 格式。

百度统计报告格式

还可以设置每天、每周一或每月一号按时自动发送分析报告。

百度统计的**报告**首页会展示网站关键指标概览,便于使用者快速监控重点的流量指标。重点流量指标可以导出为 PDF 格式,包括今日流量、趋势图、搜索词、来源网站、新老访客和访客属性等指标。

还可以将平常查看比较多的报告设置为**常用报告**。

步骤

创建分析工具账号

(1) 访问百度统计网站 tongji.baidu.com。
(2) 点击**注册**,选择**站长账号**。
(3) 通过已有百度统计账号登录,或新建账号,点击**注册**。
(4) 在**管理**模块**新增网站**,添加想跟踪数据的网站信息。

(5) 输入**网站域名**、**网站首页**、**网站名称**并选择**行业类别**。
(6) 点击**复制代码**以获取跟踪代码,将跟踪代码加入到想跟踪的网站,代码安装完成后可以在**代码安装检查**页面检测是否安装成功。
(7) 在分析工具中监控网站。

为一个数字营销活动创建网站分析报告并导出为.csv 文件

(1) 登录**百度统计**,查看相关账号。
(2) 选择**报告**选项卡。

(3) 在左侧选择一个相关**报告**,如流量分析、来源分析或访问分析。

(4) **设置时间段**,还可以增加其他数据**维度**进行筛选。

(5) 点击右上角的**下载**,选择 **CSV** 将报告导出为 .CSV 文件。

设置定时发送网站分析报告邮件

(1) 在百度统计相关报告中,点击右上角**发送**。

(2) 在**邮件订阅窗口**中,设置**邮箱地址**、**文件类型**、**发送周期**和**发送时间**。

(3) 点击**确定**按钮。

15.4 复习题

1. 网站分析工具可以完成以下哪两项工作?

   a. 上传图片到网站。

   b. 衡量社交媒体营销活动效果。

   c. 创建移动端展示广告。

d. 跟踪电子邮件营销活动效果。

2. 列出两条分析数字营销活动的重要性。
_____
_____

3. 访客访问网站称为：
   a. 转化
   b. 订阅
   c. 网站流量
   d. 展示

4. 填空。
   a. 从其他网站来的访问流量称为_____。
   b. 只访问一个页面就离开网站的访客比例称为_____。
   c. 转化的独立访客数量除以独立访客总数量的比例称为_____。

5. 创建一个网站分析工具账号。

6. 在网站分析工具中导出一份 .CSV 格式的报告。

7. 在网站分析工具中设置每周发送报告邮件。

第 16 课

社交媒体分析

学习完这节课,你将:
- 了解社交媒体分析的概念
- 认识到分析营销活动在社交媒体平台影响力的重要性
- 了解社交媒体分析的术语:参与、到达、提及/@、趋势、外链
- 了解一些常用的社交媒体分析工具
- 能够创建一个社交媒体营销活动的分析报告,并导出为.CSV文件
- 能够设置社交媒体营销活动的定时分析报告邮件

16.1 社交媒体分析概述

 概念

什么是社交媒体分析(Insight)?

社交媒体分析即跟踪及分析社交媒体账号上访客的行为,包括利用社交媒体分析工具衡量是否已完成目标,如点赞量、粉丝增长量、阅读量等。

社交媒体分析

常见的分析项目包括:

- **参与(Engagement)** ——一个帖子上访客的互动,包括点击链接、点击、评论及分享。按微博规则,互动率高的帖子更容易出现在用户的动态时间轴上,并获得更多的传播量。互动率是衡量推广帖(广告)或普通帖子营销效果的指标。
- 到达(Reach)——能够看到社交媒体帖子的实际人数,也叫到达量。帖子如果获得负面反馈(如被隐藏、被举报或用户取消关注)会减少到达量。
- 提及/@(Mentions)——社交媒体信息中,账号被提及、标记的次数。
- 趋势(Trends)——一个时间段内社交媒体上话题的热门程度。
- 外链(Inbound Links)——其他网站链接到企业的账号上的链接数量。
- 浏览(Views)——查看账号或主页的人数。
- 行为(Actions)——在企业的账号或主页上的行为数量。例如获取路线、点击电话号码、点击网站或点击其他行为按钮。
- 人群(People)——多数平台会提供粉丝特征数据,如性别、国家、城市、兴趣、语言、年龄段。

16.2 运用社交媒体分析

概念

大多数社交媒体平台及社交媒体管理服务都提供社交媒体分析工具。常见的社交媒体分析工具包括:
- 微信公众平台分析模块。
- 新浪微博数据助手。

步骤

查看社交媒体分析(微信公众平台)

(1) 登录微信公众平台。

(2) 在左侧**统计**栏目选择需要查看的分析,如用户分析、图文分析、菜单分析等。

(3) 可设置所查看报告内容的时间段。每日图文阅读和粉丝增长情况可导出 Excel 格式文件。

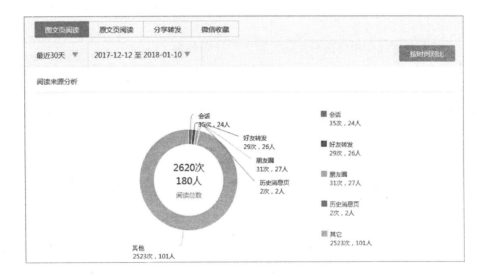

查看社交媒体分析(新浪微博)

(1) 登录新浪微博,点击右上角**账号名称**进入**管理中心**。

(2) 从左侧栏目进入**数据助手**,可点击顶部不同的选项卡查看粉丝分析、内容分析、互动分析等指标(免费版只能查看近 7 天数据,选择日期段及数据导出为付费功能)。

16.3 复习题

1. 跟踪及分析社交媒体账号上访客行为的过程称为：

    a. 引荐

    b. 分析

    c. 对比测试

    d. 跳出率

2. 列出两个理由说明分析社交媒体营销的重要性。

    _____

    _____

3. 填空。

    a. _____ 指与社交媒体账号的互动。

    b. _____ 指能够看到社交媒体帖子的人数。

    c. _____ 指社交媒体信息中，账号被提及、标记。

    d. _____ 指一个时间段内社交媒体上话题的热门程度。

    e. _____ 指其他网站链接到企业的账号上的链接数量。

4. 列出两种社交媒体分析工具。

    _____

    _____

第 17 课

电子邮件营销分析

学习完这节课,你将:

- 了解常见的电子邮件分析术语
- 了解对比测试(A/B测试)及其在衡量哪种电子邮件营销活动更成功中的重要性
- 能够创建电子邮件营销活动分析报告,并导出为.CSV文件
- 能够设置电子邮件营销活动的定时分析报告邮件

17.1 电子邮件营销分析概述

💡 概念

为什么要追踪电子邮件营销活动？

电子邮件营销是最老的数字营销工具之一，但仍然是非常有效的手段。

移动设备使用量的激增意味着受众可以随时随地接收电子邮件。约八成智能手机用户在接到提示后15分钟内会查看电子邮件。

电子邮件营销相对便宜，但需要时间，而且有些电子邮件营销平台是收费的。想要工作更高效就必须先设置营销目标，比如培养线索、将老客户转化为常客等。衡量营销效果是否达到这些目标必须追踪所有因素。

什么是电子邮件分析？

一个电子邮件营销活动中，需要知道多少电子邮件成功发送了、多少人打开了邮件、之后发生了什么。电子邮件分析能够追踪流量、收件人行为、电子邮件营销结果。

电子邮件营销平台能追踪大部分关键指标，但不是所有数据都是准确的（特别是打开率）。网站分析报告同样可以追踪电子邮件收件人点开了邮件中的链接后又做了什么，比如说有没有购买邮件里推广的产品，或者做了其他目标行为比如要求回复电话？电子邮件里的每一个链接都必须带上活动追踪参数以供网站分析工具分辨。大部分的平台都会自动进行处理。

电子邮件营销分析

电子邮件营销的关键指标有哪些?

- **到达率(Delivery Rate)**

到达率是第一个可以获取的指标,即成功投递到收件人邮箱的邮件占发出的电子邮件总量的比例。其中成功投递到收件人邮箱的邮件数量指从发出的电子邮件总量减去了因无效的、关闭的或不存在的电子邮件地址而"弹回"的数量。

$$到达率 = (发出的电子邮件总量 - 弹回数量) / 发出的电子邮件总量$$

- **弹回率(Bounce Rate)**

弹回率与到达率相反,即没有投递到收件人邮箱的邮件比例。被弹回的邮件地址应从收件人列表中删除。

- **打开率(Open Rate)**

打开率是指成功投递的电子邮件中,被打开的电子邮件的比例。

$$打开率 = 打开的电子邮件数量 / 成功投递的电子邮件数量$$

然而,不是所有的电子邮件营销平台提供商都能准确地统计打开率。他们只能将收件人在电子邮件中下载图片作为"打开"来统计,包括一个小小的追踪图片。大部分电子邮件客户端(Outlook、Gmail 等)都默认不会下载图片,除非收件人自己点击"显示图片")。纯文本电子邮件的打开率也无法追踪。这意味着可能真实的打开率会比统计到的更高,但数字永远都靠不住。

- **点击率(Click Rate / Click-through Rate)**

点击率是电子邮件收件人点击邮件中一个或多个链接的比例。点击率是衡量电子邮件营销有效性及内容相关性的关键指标,同时也能体现接收人列表的质量。

$$点击率 = 点击数量 / 发出的电子邮件总量$$

- **总订阅人数(Total Subscribers)**

选择接收电子邮件订阅的总人数。

这些列表可以是以往给过电子邮件地址的客户。在收集客户信息时,要确保他们有选择可以退出接收营销邮件的机会。而在每一次发送营销电子邮件时,也需给客户选择不接收未来信息的机会,即取消订阅。这一方面有相关法律法规,请核对企业所在地区的具体情况。

企业也可以购买联系人列表,但这就意味着收件人不是自己选择接受企业的营销邮件的,因此这些列表的营销效果可能会很低。建议最好还是用确认的、自行选择的订阅者列表,而不是买来的列表。

● 取消订阅数量(Unsubscribes)

用户取消订阅就是选择不再接收企业的营销邮件。取消订阅数量可以用来计算订阅者的保留率,这也很能体现接收人列表和营销信息质量。

订阅者保留率=(订阅数量-弹回数量-取消订阅数量)/订阅数量

● 电子邮件分析的对比测试(A/B测试)

对比测试(Split testing)也称 A/B 测试,是测试一个电子邮件营销活动中的两个版本中哪一版效果更好的方式。两版营销电子邮件随机发送给已选中的收件人,高点击率(或打开率)的版本胜出,然后将其发送给其他的收件人。对比测试适用于对比不同电子邮件营销活动元素的效果,如邮件主题、发送者名称、行为召唤词、主体文本、链接图片或发送时间等。

17.2 运用电子邮件营销分析

概念

大多数电子邮件营销平台都会提供数据分析工具。

步骤

创建一个电子邮件营销活动分析报告,并导出为.CSV 文件

(1)登录 MailChimp,选择**报告**。

(2)点击相关营销活动旁边的**查看报告**以查看报告概况。

(3)如需导出某一营销活动的报告概况,点击**查看报告**旁边的**向下箭头**。

(4)选择**下载**。

发送一封电子邮件营销分析报告邮件

注意:报告邮件无法定时发送,但可以分享。

(1)登录 MailChimp,选择**报告**。

(2)点击**查看报告**旁边的**向下箭头**。

(3)选择**分享报告**。

(4)在**添加查看人**区域加入收件人。

(5)点击**分享报告**。

17.3 复习题

1. 填空。

    a. 收件人应可以选择退出营销电子邮件列表，即_____。

    b. _____指的是电子邮件被打开的比例。

    c. _____指的是邮件中链接被打开的比例。

    d. _____指的是选择接收电子邮件的总人数。

    e. _____指的是没有成功投递到收件人邮箱的比例。

2. 测试一个电子邮件营销活动中的两版效果哪一版更优的过程叫做：

    a. 发帖

    b. 对比测试

    c. 分析报告

    d. 点击率

3. 导出一份.CSV 格式的电子邮件营销分析报告。

4. 选择一个收件人并发送一份电子邮件营销报告。

第 18 课
网络广告分析

学习完这节课,你将:

- 了解常见的网络广告分析术语:点击量、展示量、点击率(CTR)、按点击付费(PPC)、每千次展示成本(CPM)、每取得成本(CPA)、每转化成本(CPC)
- 了解对比测试(A/B测试)及其在衡量网络广告营销效果的重要性
- 能够创建一个网络广告营销分析报告,并导出为.CSV文件
- 能够设置一个网络广告营销的定时分析报告邮件

18.1 网络广告分析概述

 概念

什么是网络广告分析?

网络广告分析是追踪、分析网络广告效果的过程。

网络广告分析

网络广告可以追踪多种目标,比如:

- 一个广告被点击的次数,称为**点击量(Clicks)**。
- 一个广告被展示给用户的次数,称为**展示量(Impressions)**。

一个广告的点击量除以广告展示量的比例就是**点击率(Click through Rate,即 CTR)**。

常见的网络广告分析术语包括：

按点击付费(Pay per Click, 即 PPC)——一种网络广告模式, 当广告被点击后, 广告主则需向广告网站方付费。PPC 广告是搜索引擎广告的常见模式。

每千次展示成本(Cost per Thousand, 即 CPM)——按广告被展示 1 000 次付费, 有时也称为 Cost per Thousand Impressions。CPM 广告是展示广告中最常见的模式, 广告主更多的是为了培养用户的品牌意识, 而非为了获得用户的某种行动。

每取得成本(Cost per Acquisition, 即 CPA)——按获取一个线索或客户付费。每取得成本等于总广告费用除以总获取数量。

每转化成本(Cost per Conversion, 即 CPC)——按完成广告主预设的目标行为付费, 比如购买或下载。每转化成本等于总广告费用除以转化次数。

什么是网络广告的对比测试(A/B 测试)?

对比测试是用于测试一个广告中两种以上元素哪种效果好的方式。受众随机接收到其中一版广告, 并不知道这是测试。

测试者需等到明显的不同行为效果(如点击率或转化率)出现, 然后确定效果好的那版为最终版, 或者重新做对比测试。

对比测试可以测试标题、大字标题、文本内容、行为召唤词或图片等哪一种更优。

18.2 运用网络广告分析

 概念

大多数网络广告平台都提供网络广告分析工具。

> 💡 **步骤**

创建一个网络广告营销的分析报告,并导出为.CSV 文件

(1) 登录**百度推广**,点击**进入搜索推广**。
(2) 在顶部栏目点击**推广报告**。
(3) 从左侧栏选择需要的报告,如单元报告、创意报告、关键词报告等。
(4) 设置**时间段**、**投放网络**、**筛选**等。
(5) 点击**下载**按钮导出报告。

设置定时发送网络广告分析报告邮件

(1) 在百度推广的相关报告里,点击**发送**。
(2) 在**邮件订阅**窗口中,设置**邮箱地址**、**文件类型**、**发送周期**和**发送时间**。
(3) 点击**确定**。

18.3 复习题

1. 填空。

   a. ＿＿＿＿＿＿＿＿指当广告被点击后,广告主需向广告网站付费的模式。
   b. ＿＿＿＿＿＿＿＿指广告展示 1 000 次的费用。
   c. ＿＿＿＿＿＿＿＿指获取一个线索或客户的费用。
   d. ＿＿＿＿＿＿＿＿指完成一次广告主预设目标行为的费用。
   e. ＿＿＿＿＿＿＿＿指广告被点击的次数。
   f. ＿＿＿＿＿＿＿＿指广告被展示给用户的次数。
   g. ＿＿＿＿＿＿＿＿指广告被点击的次数除以广告被展示的次数的比例。

2. 以下哪些可以在网络广告营销中进行对比测试？

　　a. 标题

　　b. 图片

　　c. 发件人

　　d. 行为召唤

3. 导出一份.CSV 格式的网络广告分析报告。

4. 选择一个收件人并设置定时发送网络广告分析报告邮件。

ICDL 课程大纲

序号	ICDL 任务	所在章节	
1.1.1	了解数字营销的概念	1.1	数字营销概述
1.1.2	了解数字营销的方法,如内容营销、社交媒体营销、电子邮件营销、移动营销、网络会员制营销、搜索引擎营销、搜索引擎优化、展示广告、统计分析	1.2	数字营销的方法
1.1.3	了解数字营销的常见目标,如提升品牌知名度、形成销售线索、促进销售、告知客户、提升客户服务、直连客户、提高流量	1.3	数字营销的目标
1.1.4	了解数字营销的优势,如性价比更高、易于跟踪及评估进度、传播面更广、参与及互动更多、对移动端用户友好	1.4	数字营销的优势
1.1.5	了解数字营销的局限性,如缺乏面对面互动、容易冒犯用户、专业管理需要时间投入、不一定适合企业产品	1.5	数字营销的局限
1.1.6	了解国内数字营销的相关法律法规	1.6	相关法律法规
1.2.1	了解数字营销策略的主要构成:商业战略目标与营销战术目标的一致性、目标人群的特征、竞争对手分析、选择合适的平台、内容策划与创作、预算分配、评估报告	2.1	数字营销策略
1.2.2	了解企业在互联网上保持品牌形象与设计一致性的重要性	2.2	品牌形象及设计
1.2.3	了解能够提高流量及互动的内容形式,如信息图、表情包、视频、产品测评、点评与推荐、白皮书	2.3	内容营销
1.2.4	了解设置员工使用企业数字营销账户的政策及权限的重要性	2.4	政策与权限管理
2.1.1	了解网络展示方式,如目录网站、社交媒体、信息网站、博客、电子商务网站、移动端网站、网页应用程序、手机应用程序	3.1	网络展示方式概述

(续表)

参考	ICDL 任务项	所在章节
2.1.2	了解创建网站的具体步骤:注册合适的网站地址、购买网站托管服务及域名备案、设计网站、创建网站、推广网站	3.2 网建网络展示
2.1.3	了解内容管理系统(CMS)的概念	3.3 内容管理系统
2.2.1	了解网站的主要构成:主页、企业信息及联系信息、新闻、产品／服务介绍、搜索功能、电子商务功能、网站地图	4.1 网站结构
2.2.2	了解常见的网站设计概念,如用户界面(UI)、用户体验(UX)、响应式设计、可访问性、性能优化、浏览器兼容性	4.2 网站设计
2.2.3	了解创建网站内容的方法,如以目标客户为中心、内容简洁扼要、使用关键词、品牌一致性、高质量的图片和视频、定期更新。	4.3 网站内容
2.2.4	了解推广网站的方法,如分享到社交媒体、网络广告、外链、电子邮件营销、提交目录网站／搜索引擎收录、电子邮件签名、印刷营销物料	4.4 网站推广
2.3.1	了解搜索引擎优化(SEO)的概念	5.1 搜索引擎优化(SEO)概述
2.3.2	了解什么是关键词,能够列出关键词供网站或社交媒体平台优化	5.2 SEO 关键词
2.3.3	了解网页标题、URL、描述标签、META标签、标题标签(Heading 标签)、ALT文本等概念,并了解它们在 SEO 中的重要性	5.2 SEO 关键词
3.1.1	了解社交媒体平台的含义及其主要用途	6.1 社交媒体平台
3.1.2	了解社交媒体营销活动步骤:选择合适的平台、策划合适的内容、创作内容、跟进营销活动、评估营销活动效果	6.2 社交媒体营销活动
3.2.1	了解社交媒体账号的概念,能够区分不同类型的账号	7.1 社交媒体账号类型
3.2.2	创建并编辑一个社交媒体企业账号,如简介、头像、网址、联系信息、分类等	7.2 创建社交媒体企业账号 7.3 编辑社交媒体企业账号信息

(续表)

参考	ICDL 任务项	所在章节	
3.2.3	了解常见的社交媒体行为,如发帖、评论、分享、点赞、提及/@、话题	8.1	社交媒体行为
3.2.4	创建、编辑、删除社交媒体平台上的帖子	8.2	创建及更新帖子
4.1.1	了解社交媒体管理服务的概念及常见平台	9.1	社交媒体管理服务
4.1.2	了解并能够定时发帖	9.2	定时发帖
4.2.1	了解意见领袖(KOL)的概念以及与他们联系的重要性	10.1	意见领袖(KOL)、点评及引荐
4.2.2	了解目标人群的概念以及优化内容以适应他们的重要性	10.2	目标人群
4.2.3	了解视频营销的概念以及它在网络推广营销活动中的重要性	10.3	互动内容
4.2.4	了解点评、引荐的概念以及它们在社交媒体推广中的重要性。	10.1	意见领袖(KOL)、点评及引荐
4.2.5	了解短链接的概念	9.3	短链接工具
4.2.6	了解病毒式内容的概念以及它在推广营销活动中的重要性;了解病毒式内容的特征,如幽默、原创、引起共鸣、产生讨论	10.3	互动内容
4.2.7	了解创造互动内容的方法:定期更帖、发布相关内容、调研相似博客或企业、发布比赛、用图及视频	10.3	互动内容
4.3.1	了解社交媒体管理的方法,以及时回复并妥当处理评论/投诉,适当线下处理	11.1	评论及提醒
4.3.2	设置社交媒体账号的@提醒或评论提醒	11.1	评论及提醒
4.3.3	了解行为召唤的概念及常见的行为召唤,如询问报价、注册、立即购买、下载APP;了解行为召唤在社交媒体平台发掘潜在客户的重要性	11.2	行为召唤
5.1.1	了解常见的搜索引擎营销平台	12.2	搜索引擎营销平台
5.1.2	了解常见的展示网络广告平台	12.3	展示网络广告的平台
5.1.3	了解网络广告的类型,如浮动广告、弹窗广告、视频广告、图像广告、横幅广告、文本广告	12.4	网络广告的类型

(续表)

参考	ICDL任务项	所在章节
5.1.4	了解什么是推广帖以及推广帖对提高社交媒体互动参与度的重要性	12.5 社交媒体广告
5.2.1	了解常见的电子邮件营销平台	13.1 电子邮件营销平台
5.2.2	在电子邮件营销应用程序上创建账号	13.2 创建电子邮件营销账号
5.2.3	在电子邮件营销应用程序上创建、编辑和删除联系人列表	13.3 创建及管理联系人列表
5.2.4	在电子邮件营销应用程序上创建电子邮件营销活动,并选择模板	13.4 创建及管理电子邮件营销活动
5.2.5	在电子邮件营销应用程序上发送邮件、设置定时发送邮件	13.4 创建及管理电子邮件营销活动
5.2.6	了解选择加入(Opt-in)与选择退出(Opt-out)的概念	13.3 创建及管理联系人列表
5.3.1	了解使用移动营销的原因,如获得更多客户、根据位置定位客户	14.1 移动营销概述
5.3.2	了解移动应用程序的概念及其功能,如推广业务及服务、提供服务、产生销售	14.2 移动应用程序
5.3.3	了解移动营销活动的要点,如创建移动端友好的网站、为移动端定制关键词、定制移动端广告	14.3 移动营销的策略
5.3.4	了解移动广告的类型,如视频广告、搜索广告、展示广告、社交媒体广告、应用程序广告	14.4 移动广告
6.1.1	了解统计分析的概念及其对数字营销活动的重要性	15.1 统计分析概述 15.2 网站分析概述
6.1.2	创建分析工具账号。	15.3 运用网站分析
6.1.3	创建一份营销分析报告,如网站分析报告、社交媒体分析报告、电子邮件营销分析报告、广告分析报告,并导出为.csv文件	15.3 运用网站分析 16.2 运用社交媒体分析 17.2 运用电子邮件营销分析 18.2 运用网络广告分析
6.1.4	设置定时发送分析报告邮件,如定时发送网站分析报告邮件、定时发送社交媒体分析报告邮件、定时发送电子邮件营销分析报告邮件、定时发送广告分析报告邮件	15.3 运用网站分析 16.2 运用社交媒体分析 17.2 运用电子邮件营销分析 18.2 运用网络广告分析

(续表)

参考	ICDL 任务项	所在章节	
6.1.5	了解对比测试(A/B测试)及其在衡量电子邮件营销、网络广告是否成功中的重要性	17.1	电子邮件营销分析概述
		18.1	网络广告分析概述
6.2.1	了解网站流量的概念以及吸引有质量流量的重要性	15.2	网站分析概述
6.2.2	了解常见的统计分析术语:独立访客、跳出率、转化率、跟踪代码、引荐	15.2	网站分析概述
		15.3	运用网站分析
		18.1	网络广告分析概述
6.2.3	了解常用的网站分析工具	15.3	运用网站分析
6.3.1	了解社交媒体分析的概念及其在社交媒体平台影响力的重要性	16.1	社交媒体分析概述
6.3.2	了解社交媒体分析的术语:参与、到达、提及/@、趋势、外链	16.1	社交媒体分析概述
6.3.3	了解常用的社交媒体分析工具	16.2	运用社交媒体分析
6.4.1	了解常见的电子邮件分析术语:打开率、点击率、弹回率、退订、总订阅人数	17.1	电子邮件营销分析概述
6.4.2	了解常见的网络广告分析术语:点击量、展示量、点击率(CTR)、按点击付费(PPC)、每千次展示成本(CPM)、每取得成本(CPA)、每转化成本(CPC)	18.1	网络广告分析概述

恭喜！你已完成ICDL数字营销的课程学习。

通过这门课程,你已学习到数字营销的主要活动及相关技能,包括:

- 了解数字营销的基础概念,包括其局限性以及如何优化和策划。
- 了解多种网络展示方式,以及如何选择关键词进行搜索引擎优化。
- 了解不同的社交媒体平台,并创建及运用常见的平台。
- 了解社交媒体管理在推广和线索培养方面的有效性。
- 运用社交媒体管理服务工具定时发布帖子和设置提醒。
- 了解多种网络营销及广告类型,包括搜索引擎、电子邮件和移动营销。
- 了解及运用分析工具监控、优化营销活动。

完成本课程后你可以进行ICDL认证,更多信息请联系ICDL考试中心。